· 当代财经管理名著译库
· DSGE经典译丛

张同斌 程立燕 李金凯 译　　张同斌 校

[西班牙] 曼纽尔·亚历杭德罗·卡德内特　著
安娜–伊莎贝尔·格拉
费伦·桑乔
Manuel Alejandro Cardenete
Ana-Isabel Guerra
Ferran Sancho

应用一般均衡导论

Applied General Equilibrium
An Introduction

东北财经大学出版社
Dongbei University of Finance & Economics Press
大连

Translation from English language edition: Applied General Equilibrium by Manuel Alejandro Cardenete, Ana-Isabel Guerra and Ferran Sancho

Copright©2012 Springer Berlin Heidelberg

Springer Berlin Heidelberg is a part of Springer Science+Business Media

辽宁省版权局著作权合同登记号：图字06-2014-97

图书在版编目（CIP）数据

应用一般均衡导论 / （西）亚历杭德罗（Alejandro，M.）等著；张同斌，程立燕，李金凯译.
一大连：东北财经大学出版社，2015.10
（DSGE经典译丛）
ISBN 978－7－5654－2043－6

Ⅰ．应…　Ⅱ．①亚…　②张…　③程…　④李…　Ⅲ．计量经济模型-研究　Ⅳ．F224.0

中国版本图书馆CIP数据核字（2015）第169297号

东北财经大学出版社出版发行
　大连市黑石礁尖山街217号　邮政编码　116025
　教学支持：（0411）84710309
　营销部：（0411）84710711
　总编室：（0411）84710523
　网　　址：http：//www．dufep．cn
　读者信箱：dufep@dufe．edu．cn
大连图腾彩色印刷有限公司印刷

幅面尺寸：170mm×240mm　字数：116千字　印张：9 3/4
2015年10月第1版　　2015年10月第1次印刷
责任编辑：李　季　　　　　责任校对：孙　萍
封面设计：张智波　　　　　版式设计：钟福建
定价：36.00元

本书得到

国家自然科学基金项目（项目号：71303035）、辽宁省高等学校优秀人才支持计划（编号：WJQ2013025）资助

译者序

　　一般均衡理论是经济学中最为重要的部分和最为核心的内容。在早期的经济学研究中，由于处理方法的限制，一般均衡的理论意义大于实际意义。随着计算机技术与经济建模的快速发展，一般均衡已经广泛应用于经济中的各个方面，如经济增长、财税政策、收入分配、环境问题等等。目前，在国内外经济学前沿问题的分析中，应用一般均衡（AGE）模型已经成为不可或缺的工具。

　　应用一般均衡模型具有诸多优点。首先，它将微观经济与宏观经济进行了有效结合，从微观层面的家庭、企业等经济主体构建模型，以分析宏观层面的政策变动导致的经济效率与社会福利变动。其次，AGE具有理论上的严谨性、一致性和灵活性。AGE模型设定的过程，本身就是理论框架的构建过程，并且，在模型的设定过程中，可以加入各类因素，如市场摩擦、非完全理性预期等细节，与之相对，经济计量模型因缺乏经济理论支撑使得其受到广泛质疑与批判。最后，求解方法的多样性与模型的稳健性。由于AGE模型求解的要求较高，求解方法不断改进，最新的贝叶斯系列估计方法，对于实现均衡解的唯一性和稳定性具有重要作用。

　　2010年，我开始学习并应用可计算一般均衡模型，至今已经有5年多的时间，在此期间，我采用一般均衡模型撰写了多篇学术论文，发表在《经济研究》、《统计研究》等杂志上。对于学术研究而言，5年是很短暂的，但学习过程中，也经常因为缺乏好的参考书而走一些弯路。一个偶然的机会，我接触到"Applied General Equilibrium: An Introduction"这本书，发现该书对于一般均衡模型设定的描述十分清楚，具体内容如下：

第2章介绍了一般均衡理论的基础理论框架；第3章给出了包含家庭、企业的最简单两部门模型；第4章、第5章中分别加入政府部门、对外经济部门，循序渐进地扩充模型；第6章说明了应用一般均衡的参数校准，以及所采用的社会核算矩阵数据；最后，给出了应用一般均衡的应用实例。全书由浅入深，结构合理，论述清晰，富有逻辑，对于应用一般均衡研究者，特别是初学者具有很大帮助。

我要感谢两位优秀的合作者，硕士研究生程立燕和李金凯，他们表现出了较好的学术潜力，具备了较高的科研素质。还有，与清华大学经济管理学院范庆泉博士的充分交流使我受益颇多，对于一般均衡的理解更为深入。可以说，他是我在一般均衡理论学习中的良师益友。最后，我十分感谢国家自然科学基金项目（项目号：71303035）和辽宁省高等学校优秀人才支持计划（编号：WJQ2013025）的资助。

翻译并不像想象中的那么容易。在繁重的教学工作之余，除了撰写论文和申报项目之外，翻译工作只能在时间的缝隙中进行。当然，本书的翻译可能没有达到"信、达、雅"的程度，特别是，由于研究方向和知识背景的差异，书中部分语句的翻译可能不尽如人意。但是，我们本着认真负责的态度，对其中的每一句话字斟句酌，不敢半分懈怠，在历时5个月的工作之后，终于将该书呈现给读者。

虽然本书对应用一般均衡的讲述不是特别深入，但我们确信读者会发现本书给出了应用一般均衡的清晰描述，使得读者能够在短时间内快速、全面、准确地了解应用一般均衡的基本知识和总体框架，为后续的学习打下一个良好的基础。此外，由于这是作者翻译的第一本著作，加之作者水平有限，错误之处在所难免，恳请专家和读者批评指正，提出宝贵的意见和建议，并发送至 econometricsdufe@163.com，以便我们学习和改进。

张同斌

2015年初夏于大连悦丽海湾

前　言

　　经济学中的一般均衡理论最早是由瓦尔拉斯（Walras）在 1874 年提出，随后得到了坚实的发展。例如，阿罗和德布鲁（Arrow and Debreu）在 1954 年对一般均衡理论做出了基础性的贡献，一些杰出的经济学家和数学家对此理论的各个方面从不同角度分别进行研究，也促进了一般均衡理论的进一步发展。然而，最重要的是 Scarf 教授在 1969 年首次将这一抽象的理论应用于实际问题，进行了实证检验，并成功地解决了瓦尔拉斯模型中均衡解（即相对价格和数量之间的平衡）的计算问题。Scarf 教授的两个学生，Shoven 教授和 Whalley 教授，在分析美国财政改革对经济的影响时，首次阐明了此理论用于实证分析的可靠性。

　　自此之后，虽然一些学者的文章中对应用一般均衡（Applied General Equilibrium， AGE）理论进行实证研究的结果并不一致，但他们对应用一般均衡理论进行研究的热情从未减少。学者们在不同方面从不同角度提出了很多基本问题，例如，在公共财政方面，税制改革对整个国家的人民福利和政府收入有什么影响？在贸易方面，两个或更多国家或地区之间的贸易协定能够带来多少经济效益，以及它们之间是如何进行分配的？在环境经济学方面，环保税和限制排污权对二氧化碳的排放量会带来哪些影响？另外，还有一些学者提出了有关城市及区域经济发展等方面的问题。然而，我们发现应用一般均衡理论的"工具"和"方法"可以给出这些问题高质量的答案，我们强调"工具"和"方法"的原因是这些完全不同的问题存在着共同之处。

如果只是想知道问题是什么以及问题的答案，正如上面所提及的研究一样，既不需要精通"工具"，也不需要掌握"方法"，这就好像我们不需要为了聆听和享受美妙的音乐旋律而使自己成为一名作曲家、指挥家或音乐家一样。然而，对于那些想要积极研究这类或者其他有趣的经济问题和热衷于探索经济问题背后答案的人们，能够拥有这本书是一件十分幸运的事情，并且我建议他们仔细认真地阅读这本书。另外，在这本书中，他们将会发现这些"工具"和"方法"在经济分析中有着举足轻重的作用，就如同音符可以弹奏出曼妙的曲调，我坚信本书的细心读者可以成为一名"作曲家"、"指挥家"或"音乐家"。

本书的结构安排如下：第2章给出了一般均衡理论的基础理论框架，这为我们研究的问题设定一个合适严谨的模型做好铺垫；第3章通过一些简单的基本模型，对应用一般均衡理论进行详细的阐述；在第4章中模型逐渐变得复杂，直到第5章里模型变得非常复杂；在第6章，读者将会见到经济学中的一些实际数据，并学会如何利用它们来处理一些相关问题，但是经济学中的数据通常是散乱无章的，所以不可避免的一件事情就是编辑整理这些数据，使之具备经济分析所要求的一致性；经济学数据的一致性和规范性，对一般均衡模型的应用是至关重要的，其规范化后的形式为所谓的社会核算矩阵（Social Accounting Matrix，SAM）。而什么是社会核算矩阵，它们是怎样构造的，以及它们如何应用于模型的构建等问题，将会在第6章中详细介绍，在这一章读者会发现将理论模型和实际数据联系起来的纽带恰恰就是参数校准（Calibration）过程。最后，在第7章将会利用前面章节所学的方法来解决一些实际问题，这时读者仿佛可以用心聆听到本书所弹奏出的美妙旋律。

我们相信，读完这本书，读者可以有充分的准备去开阔思路，发表自己的见解，就像音乐家创作并表演着自己独特的韵律和曲调。他们或许不会立即变得信心百倍，但是我们保证读者曾付出的努力不是徒劳的，亦创造出了相应的价值。我们确信读者会发现这本书给他们提供了掌握这一领域知识和方法的有效途径，使得他们能够发表自己在这一领域的独到见解，游刃有余地进行自己的创作。

Antonio Manresa

Universitat de Barcelona

目　录

第 1 章

引　言

　　或许经济学这门学科最令人兴奋的事情之一就是它能揭示经济系统的内在运行规律，这对于外行人来说是不易理解的，有时甚至对于一些资深的经济学家也是如此，因为实际生活中的经济系统是极其复杂的。但是与二三十年前相比，当今的经济学家取得了非常显著的进步，有了更为深刻的理解，当然有部分原因是因为科学技术的进步导致的。虽然经济学已经累积了大量的知识并取得了较大的突破性进展，但对于普通大众来说它仍然是非常抽象和难以理解的。与很少有人谈论自己了解天体物理学或医药科学领域的知识不同，随着经济的发展，经济学的狂热爱好者们随时都在谈论着有关经济方面的话题。比如，虽然温和的阿司匹林和青霉素在医学价值上等价，但是人们还是正在研究和发现更为经济实用的阿司匹林。类似地，人们正在机智地进行更大空间的探索来有力地掌控我们社会的主体部分——经济。

　　经济发展难以理解或者难以提前预测的一个重要原因就是经济系统之间存在相互依赖的特性，即它们之间是以一种非常复杂且不明显的方式联系在一起的，并且这些联系产生的总体影响也不易辨析。经济学理论为解释经济现象给出的前提假设为"其他条件不变"，例如，假设在其他条件不变的情况下，一种商品价格的上升会导致该商品需求量的下降，这种分析方式也称为局部均衡分析，它是严谨的也是有局限的。之所以说它严谨主要是因为它在经济推理（实际上在所有的科学推理中也是如此）中加入了假设条件。由于在假设中严格限定了一些情况且相关变量之间的因果联系是确定的，从而经济学家可以从研究的现象中，依据经济主体之间做出的激励或者反应清楚地了解到有价值的信息；而说它存在局限性是因为在实际经济现象中，"其他条件不变"是不成立的，并且由局部均衡推导出的结论并不能代表整体经济的精确性和一致性。

如果只是定性地研究一个经济变量受哪些变量影响，反过来又对哪些经济变量产生影响，这时局部均衡分析的局限性就没有那么突出了。然而，经济学作为理解现实世界和通过政策改变世界的一门社会科学，只有在一些非常特殊的情况下，"其他条件不变"的假设方法才能作为一种正确的工具，得出结论或提出政策建议。因此，更好的方法是必要的，然而值得庆幸的是，经济学家已经找到了简单但是功能强大的方法和工具，如果我们审慎地使用这些方法，就可以得到复杂经济问题的准确答案。

在这本书中，我们主要讨论一般均衡分析方法，它是能够将经济系统的小部分整合到整个经济系统中的一种分析工具。在一般均衡分析中，我们发现新古典主义的方法论由瓦尔拉斯（1874a，b）首先提出，阿罗和德布鲁（1954）等将其发展至顶峰。新古典主义方法的基本观点是，由于经济主体是理性的，并且价格是可变的，从而市场最终会出清。当然，这不是建立整体经济系统模型的唯一方法，但是它具有的一个明显优势就是将模型建立在消费者和企业等个体层面的基础之上。

现实经济中包括很多消费者，也称为家庭和企业等经济主体。消费者决定购买什么样的商品或服务以及购买商品或服务的数量，同时他们也决定提供给要素市场多少劳务，另外，如果他们拥有一定数量的资本，他们还可以提供给企业用于生产，以获得资本回报或利息。企业根据需求来安排生产计划并从中获得利润。这些都是由成千上万个人每天独立做出的决定，于是问题在于：他们是怎样彼此相互联系，并且共同创造出一个在大部分时间都可以正常运作的经济系统？总体来看，消费者的需求得到了满足，企业的确获得了利润，但是并不是所涉及的每一个经济主体的蓝图都是美好的，总有一些人找不到工作，还有一些企业因无法获得利润而破产。

如今，经济学理论已经在相当程度上解释了市场是怎样形成，以及如何生产能够满足消费者的需求，这些经济学理论是通过简化经济主体的行为，并在此基础上构建模型的。但是，即使是在尽可能简单的情况下，经济模型也具有非常复杂的结构，因此研究整个经济系统时，模型将变得十分复杂。在已有的一般均衡理论指导下，经济学家根据实际经济数据，建立起了相当复杂且规模庞大的经济模型，这也是目前分析很多政策问题的可靠工具，这种建模方式被称之为"应用一般均衡（AGE）"分析。另外，由于这些应用模型依赖于一定的计算方法来处理，通常也称为"可计算的一般均衡（CGE）"研究。

虽然在主流的经济分析中已经包含了这些模型，模型的应用在深度和广度上都得到了拓展，但是，我们认为目前仍然缺乏给高年级本科生和研究生上课的教材。大部分已出版的关于一般均衡方面的书籍，都是在专业的科研论文里面分析特殊的问题，这些论文虽然很有价值，但是却删去了模型设计和构造等繁琐的细节，例如，数据搜集、数据修正、参数说明、函数形式的选择、计算机实现等等。初学者不得不努力地在字里行间阅读文章，根据简洁的模型描述和冗长的结果来探寻模型的构造细节。与之相对，我们写这本书的主要目的在于尽可能详细地描述细节，同时尽可能避免难以理解的复杂证明，使任何一个本科高年级的学生都可以读懂。另外，读懂本书的基本条件是读者具备微观经济学和最优化理论的基础，当然，还需要读者在学习过程中投入一定的时间并且坚持不懈地努力。

目前，经济学的发展存在一个趋势，就是通过采用类似"黑箱"的软件包来建立经济模型，对于这种现象我们持明确的否定态度。这些所谓的"建模者"可能搜集到一个可用的模型，但是他们对于该模型的内在运行机制或内部经济逻辑缺乏或根本就没有实际概念。当然，开始建立一个模型是需要付出一定代价的，因为模型设定必须考虑相关性问题和值得分析的政策，设计不同的模块，进行严格的选题，处理数据，编写计算机代码和运行模拟仿真，最终评估和解释结果。但是，我们相信一名优秀的经济学家能够完全理解并且能够没有遗漏地解释他们每一步做出的内容，这对本书来说是一个非常艰巨的任务。此外，本书的重点是一般均衡分析及其实证分析模型，不是代码编程。关于编程的理想软件，我们尤其推荐"通用代数建模系统（General Algebraic Modeling Systems，*GAMS*）"（Brooke等，1988）。本书中提供了一些可以采用GAMS软件（试用版）编程的例子。我们鼓励读者利用大量的、免费的在线资源，全身心地投入到程序语言的基础学习中去。同时，我们希望这本书可以让读者能够有所受益，使优秀的经济学学生获得特殊的专业技能，提升就业能力，深化专业资历。

第 2 章

一般均衡理论概述

2.1 经济主体、行为和市场

作为经济学者，我们总是对一些问题比较感兴趣，比如说：生产是怎样组织的？生产出来的产品如何在消费者之间进行分配？所有这些活动发生在特定的场所——市场。市场交易结果主要是指商品或服务的均衡价格和数量，然而决定市场交易结果的是经济主体的行为特点和从中映射出来的市场机制，即所谓的供求法则。一般情况下，我们将经济主体分为两大类且不同特征的群体——家庭和企业。由于交易物品类型的不同，家庭和企业均在市场或者整个经济系统中发挥着独一无二的作用。

企业主要是组织和完成商品或服务的生产，然后将其供给到市场并在市场中销售。为了进行生产，企业首先需要成为基本商品或服务（或称非生产品，例如劳动力和资本等）以及非基本商品或服务（或称生产品，例如钢铁和能源等）的需求者和购买者，然后企业生产出产品或者服务提供给消费者。进入生产过程的商品称为投入，同样经过生产得到的商品称为产出。企业在承担这一普通生产"角色"时，均有一个共同的目的，即企业会在所有生产计划中选择一个使企业利润最大化的方案。生产中，利润指的是销售生产的商品或者服务所得的收入与生产过程中投入之间的差额，利润最大化假定是经济学中的基本假设。尽管如此，不同企业的生产方式存在着很大差异，因为并非所有企业都可以获得或有效利用同样的技术，这里技术的含义是，用于生产商品和服务的有效可行的方法和过程。例如，对一个电力企业而言，其实现利润最大化的方式是进行发电，显然存在多种不同的技术选择，一些企业会选择利用核电站进行发电，还有一些企业可能会选择利用煤炭、水能、太阳能或风能进行发电等。

家庭扮演的角色是消费商品以满足他们的消费需求，同时，家庭拥有一定的劳动和资本要素并将其提供给企业以满足生产的需求，在决定商品的需求量及要素投入量时，消费者依据他们提供要素所得的报酬进而用于购买并消费商品以获得最大价值，这个价值根据消费者的"偏好"或"效用"来进行确定，即消费者在可能获得的收入水平一定的条件下，他们会选择最符合他们价值体系的消费方案，实现偏好或效用最大化。虽然"效用"一词在现代微观经济学中不再那么重要，但它仍是经济学中的一个经典概念，并且相对于"偏好"而言，"效用"的应用更加方便。与企业类似，我们可以发现，家庭也可以通过多种方式实现同一目标，这主要是由个人"偏好"，或更简单地讲是由"效用"来决定的。我们都知道，有很多方式可以使我们感到快乐和满足。例如，有的人喜欢骑车欣赏沿途风景，然而也有人喜欢在家里看科幻电影、读畅销小说或听古典音乐来放松心情。类似地，即使有些人拥有相同的"偏好"，但是他们之间总有一些消费者较其他消费者富裕，相对来说他们能够消费更多数量的每种商品。

当家庭和企业在市场中相互联系时会产生怎样的结果呢？尽管上面我们提到了在偏好、收入水平和技术等方面的异质性，但是对于每一个可能的价格水平，我们可以收集到在市场中双方（需求者和供给者）做出的决定，家庭和企业要么在需求方，要么在供给方。例如，在基本要素投入市场，企业需要劳动力或资本进行生产时，家庭可以作为供给方进行要素提供；在非基本要素投入或中间产品市场中，一些企业是需求方，另一些企业是供给方；最后，在最终产品或服务市场，家庭为需求方，企业是供给方。因此，消费者和企业既是需求方也是供给方，一旦市场双方被确定下来，接下来的一个问题就是双方能否基于通过讨价还价确定的价格达成"贸易协定"？换句话说，是否存在某个价格，使得商品需求量和供给量恰好相等？当商品供给量和需求量相等时，我们称之为市场均衡，事实上，市场均衡就是找到一个价格，使得市场双方能够实现供求平衡。

另外，在其他的市场机制中，家庭和企业是如何实现市场均衡的呢？例如，除了家庭和企业的行为之外，市场参与者的数量、信息共享的方式也构成了影响市场机制以及市场均衡结果的决定性要素。根据均衡价格的决定机制不同，可以将市场划分为完全竞争市场和非完全竞争市场。在第一种情况下，即市场是完全竞争市场时，价格是所有市场参与者众所周知的，个人对价格的影响十分微弱，在这个市场机制中他们只能被动地接受价格。具体而言，产生这种市场的前提条件是市场足够大，当市场参与者数量足够多时，每个人相对于整个市场来说都是微不足道的，没有人可以对价格产生任何影响，在这种情况下，可以认为所有参与市场活动的经济主体均是价格接受者。值得注意的是，当市场是完全竞争市场时，就存在关于生产技术的隐含假设，更具体地说，这个假设是关于单位成本和生产规模之间的关系。在完全竞争经济中，这种关系是固定不变的，或者说生产过程表现为规模报酬不变。因为假如生产过程是可分的，任何生产计划都有可能被复制，那么规模收益递减就可以被排除了。最后，作为技术的可能结果，规模收益递增现象和完全竞争市场是不相容的，因为价格接受行为意味着企业会蒙受损失。在这种情况下，企业会进行非竞争性市场价格的设定以实现特定的战略，并且产生了多种市场组织形式。但在这本入门书籍中，我们主要讨论竞争市场。

在福利方面，完全竞争市场具备一些良好特征，因而，完全竞争市场非常具有吸引力。其中，在凸偏好和凸选择集作用下，价格等于边际产出是最优化的必要条件，这同时是实现最优化的充分条件。在完全竞争市场中，均衡价格的确定方式依赖于有效的市场机制，这种机制在非凸性生产集中不会呈现（Villar，1996）。此外，完全竞争市场中的均衡产出也称为瓦尔拉斯均衡，主要是为了纪念当时边际主义学派的领军人物，法国著名的数理经济学家——里昂·瓦尔拉斯（1834—1910）而命名的。

对于一个特定竞争市场的均衡产出，我们可以从两个方面进行本质分析：局部均衡角度和一般均衡角度。局部均衡意味着将一个市场与其他市场隔离开来进行单独分析，这恰好也是局部均衡分析的定义。在局部分析中，我们只考虑市场内部的直接影响，而忽略与其相关联的市场可能同时产生的间接影响、诱发影响和反馈影响，在处理时，我们使用本书引言部分介绍的"其他条件不变"的假设。与之相对，一般均衡分析是把经济作为一个闭合的、相互依赖的系统进行处理，其中均衡价格和均衡数量是所有市场相互联系的结果，即在一般均衡中反映了所有直接影响、间接影响和诱发影响的共同作用。

当我们开始讨论市场机制怎样运行时，或者更具体地说，我们开始论述瓦尔拉斯方法对于经济学的重要性时，首先在本章后两部分会具体地阐述瓦尔拉斯均衡理论产生的原因及该理论的优点。随后我们将会使用一个纯交换经济的简单例子进行说明，因为它不仅简单易懂，并且几乎所有与经济分析相关联的内容，都可以用这种方式进行讨论。在本书大部分章节里，计算方法等细节将会被省略，因为我们的研究重点是经济问题而不是数学方法。

|2.2| 瓦尔拉斯均衡

2.2.1 瓦尔拉斯定律和瓦尔拉斯均衡的定义

经济学家总是试图去解决市场的配置问题，比如，什么是市场运行的准则等。本节中，我们将在瓦尔拉斯市场中阐述这些机制。我们在这里讨论最简单的纯交换经济或埃奇沃斯盒经济（Edgeworth Box Economy）的情况，此时不考虑生产的可能性，经济主体扮演的角色仅仅是交换他们之间拥有的商品。在这种纯交换经济中，存在有限的 N 种商品（$i=1$，2，$\cdots$，N）和 H 个不同的消费者或家庭（$h=1$，2，$\cdots$，H），$x=(x_1,...,x_i,...,x_N)\in R^N$ 表示 N 种商品数量的向量。由于每一种商品均具有非负的市场价值，价格向量为 $p=(p_1,...,p_i,...,p_N)\in R_+^N$。由于在这种经济里没有考虑生产的可能性，那么经济中将会存在初始的商品禀赋，每一个经济主体 h 首先会拥有这些禀赋商品中的一部分，即 $e_h\in R_+^N$。商品及其价格共同决定了经济主体的初始禀赋，从而得到其预算约束。

经济主体根据自己的禀赋水平来消费商品，一旦通过价格确定了商品消费的可行性，这些商品的消费就成为经济主体偏好价值体系的反应。我们假设每个经济主体 h 偏好于消费商品i的非负需求函数用 $\chi_{ih}(p,e_h)$ 来表示，它是价格的连续且零次齐次函数。求解所有经济主体对商品的需求量是严格意义上的优化问题，本书在这里省略具体的细节。最常见的方式是用"效用"来替代"偏好"，从而可以通过求解每个经济主体的效用最大化函数得到需求函数，前提是每个经济主体只能在自己的预算约束范围内进行可能的消费。

由于我们是从一般均衡视角来分析纯交换经济，因此，需要添加一些条件使这种经济成为一个闭合且相互联系的系统。因此，我们首先假设下面的约束条件成立：

$$\sum_{i=1}^{N} p_i \cdot \chi_{ih}(p, e_h) = \sum_{i=1}^{N} p_i \cdot e_{ih}, \quad h = 1, \ldots, H \tag{2-1}$$

约束（2-1）说明每一个经济主体可消费商品的总价值应该与他们所拥有的财富价值或禀赋价值是相等的。因此，在整个经济中，对所有经济主体求和，等式也成立，这就是著名的瓦尔拉斯定律：

$$\sum_{h=1}^{H} \sum_{i=1}^{N} p_i \cdot \chi_{ih}(p, e_h) = \sum_{h=1}^{H} \sum_{i=1}^{N} p_i \cdot e_{ih}, \quad h = 1, \ldots, H \tag{2-2a}$$

对式（2-2a）进行移项，经变换后其形式为：

$$\sum_{i=1}^{N} p_i \sum_{h=1}^{H} \left(\chi_{ih}(p, e_h) - e_{ih} \right) = \sum_{i=1}^{N} p_i \left(\sum_{h=1}^{H} \chi_{ih}(p, e_h) - \sum_{h=1}^{H} e_{ih} \right)$$
$$= \sum_{i=1}^{N} p_i \cdot \left(\chi_i(p) - e_i \right) = 0 \tag{2-2b}$$

对于每一种商品 i，我们把所有的个人需求及禀赋求和，得到市场需求函数 $\chi_i(p)$ 以及市场供给或全部禀赋 e_i。接下来将市场需求 $\chi_i(p)$ 与市场供给 e_i 作差得到市场超额需求函数 $s_i(p) = \chi_i(p) - e_i$，进而得到瓦尔拉斯定律最终且简洁的表达式为：

$$\sum_{i=1}^{N} p_i \cdot s_i(p) = 0 \tag{2-2c}$$

式（2-2c）告诉我们一个非常有趣的现象，在所有价格水平下，无论是不是均衡价格，商品的市场超额需求价值量都为零。因此，瓦尔拉斯定律是市场处于均衡状态的必要条件，但不是充分条件。

根据市场供求法则，在这个闭合的且相互依赖的经济系统中，价格成为均衡价格的充分条件是：

$$s_i(p^*) = \chi_i(p^*) - e_i = 0 \tag{2-3}$$

其中，$i = 1$，2，$\cdots$，N，$p^* > 0$。

瓦尔拉斯均衡为在式（2-3）约束下可得的商品和一系列价格之间的分配关系，分配数量根据价格为均衡价格时的需求函数确定，注意到式（2-3）是由 N 个方程（N 种商品中每一种商品均对应一个方程）和 N 个未知数（N 个方程对应 N 个未知价格）组成的系统。在式（2-3）中，供给和需求之间精确相等，但是在实际中，由于部分免费商品的存在，供给可能略大于需求，并且他们的价格也应该为0。为了简化起见，本书在这里使用瓦尔拉斯均衡，即在均衡价格时，需求量等于供给量。根据式（2-3），假设所有商品的价格均大于零，这也隐含地要求消费者在偏好上存在"单调性质"。同时，基于这一假定，可以证明预算约束式（2-1）是成立的，类似地，瓦尔拉斯定律也是成立的。

此外，根据瓦尔拉斯定律可以得到一个重要推论：如果一个经济系统中的其余商品市场处于均衡状态，那么某一特定的商品市场也一定处于均衡状态。因此，为了确定经济系统中的均衡价格，我们只需要选择其中的 $N-1$ 个方程，并求出这个简化方程组的解即可。需要注意的是，这里我们需要求解的变量个数（N 个）多于独立方程的个数（（$N-1$）个），因此，这个推论的另一种表达方式为：如果第 i 个市场存在超额需求（$s_i(p) > 0$），那么在第 j 个市场必然会存在超额供给（$s_j(p) < 0$），或者恰好相反。

为了更好地理解瓦尔拉斯定律的含义及瓦尔拉斯均衡的定义，下面我们举一个具体的例子进行说明。假设一种存在两个经济主体 $h = （1，2）$ 和两种商品 $i = （1，2）$ 的埃奇沃斯盒经济体。在这种经济体系中，经济主体的偏好将会遵循柯布道格拉斯效用函数，第1个经济主体的效用函数为 $u_1(x_1,x_2)=x_1^{\alpha^1}\cdot x_2^{1-\alpha^1}$，第2个经济主体的效用函数为 $u_2(x_1,x_2)=x_1^{\alpha^2}\cdot x_2^{1-\alpha^2}$。他们的消费能力将会受他们拥有的初始禀赋和财富总值的约束，对于第1个经济主体，可以假设 $e_1=(e_{11},e_{21})$，对于第2个经济主体，则假设 $e_2=(e_{12},e_{22})$。

求解商品的需求函数和求解效用最大化问题是一致的，经济主体1的需求函数表示为：

$$\chi_{11}(p,e_1)=\frac{\alpha^1\cdot(p_1\cdot e_{11}+p_2\cdot e_{21})}{p_1} \qquad \chi_{21}(p,e_1)=\frac{(1-\alpha^1)\cdot(p_1\cdot e_{11}+p_2\cdot e_{21})}{p_2} \qquad (2\text{-}4)$$

类似地，经济主体2的商品需求函数为：

$$\chi_{12}(p,e_2)=\frac{\alpha^2\cdot(p_1\cdot e_{12}+p_2\cdot e_{22})}{p_1} \qquad \chi_{22}(p,e_2)=\frac{(1-\alpha^2)\cdot(p_1\cdot e_{12}+p_2\cdot e_{22})}{p_2} \qquad (2\text{-}5)$$

在这个简单的柯布道格拉斯经济体系里面，根据前述的式（2-3），可以相应地得出下面两个均衡方程为：

$$\frac{\alpha^1\cdot(p_1^*\cdot e_{11}+p_2^*\cdot e_{21})}{p_1^*}+\frac{\alpha^2\cdot(p_1^*\cdot e_{12}+p_2^*\cdot e_{22})}{p_1^*}=e_{11}+e_{12}$$
$$\frac{(1-\alpha^1)\cdot(p_1^*\cdot e_{11}+p_2^*\cdot e_{21})}{p_2^*}+\frac{(1-\alpha^2)\cdot(p_1^*\cdot e_{12}+p_2^*\cdot e_{22})}{p_2^*}=e_{21}+e_{22} \qquad (2\text{-}6)$$

需要注意的是，根据瓦尔拉斯定律的推论意味着两个方程中有一个是多余的，因此，我们可以求解其中的一个方程，并忽略另外一个。利用一些代数知识，求解第一个方程，可以得到：

$$\frac{p_2^*}{p_1^*}=\frac{(1-\alpha^1)\cdot e_{11}+(1-\alpha^2)\cdot e_{12}}{\alpha^1\cdot e_{21}+\alpha^2\cdot e_{22}} \qquad (2\text{-}7)$$

因此，如果 p^* 是方程的解，那么 $c \cdot p^*$ 也是方程的解，其中 c 是任意一个正数，任何满足式（2-7）的价格集合，都能使两个市场保持均衡。读者可以尝试求解式（2-6）中的第二个方程，进而得到均衡价格，毋庸置疑，将会得到同样的价格比值结果。图2-1生动地描述了埃奇沃斯盒经济中的这种价格比值关系，经济主体双方预算集的斜率为 p_1^*/p_2^*。在相对价格 p_1^*/p_2^* 水平下，每个经济主体实现了他（她）的效用最大化，同时，他（她）们的个人需求也恰好与初始禀赋值 e 确定的商品供给是一致的。

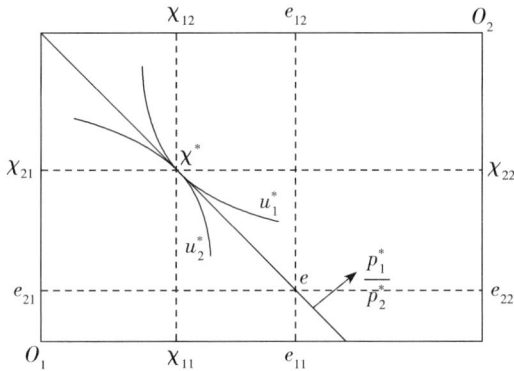

图2-1　纯交换经济的瓦尔拉斯均衡

值得注意的是，上式仅是可以求解相对均衡价格。如果我们希望求解具体的价格，首先需要确定一些"参考价格"。这些参考价格或者价值计量单位，就是我们通常所说的"价格基准"（numeraire）。选择合适的价格基准后，无论在确定商品的初始或基准均衡状态时，还是在探索这种经济体系对外界变量（例如，初始禀赋值等）变化可能做出的反应时，所有商品的价格都可以表示为与基准价格的相对差，在第3章我们将会继续讨论这个问题。

2.2.2　瓦尔拉斯均衡的存在性和唯一性

瓦尔拉斯（1874a，b）首次提出，市场均衡是一系列方程的解，反映了在某些特定的价格下，商品在两个或更多经济主体中的分配方式。但是，瓦尔拉斯并没有给出一系列系统方程解存在性的严格证明。另外，他还假定方程系统的解是唯一的。[①]后来，在20世纪30年代，Wald（1934，1935，1936a，b）做了一定的开创性工作，以一种更完整的方式证明了解的存在性。随后，阿罗—德布鲁（1954）证明了，无论对于"实证经济学还是规范经济学"（Arrow and Debreu，1954），在一般条件下，这种系统方程均存在均衡解。

根据前述的纯交换经济，可以得到，证明一般均衡的存在性就等价于证明至少存在一组非负的价格，使得所有商品的超额需求量为零。通过定义一般均衡价格和在该价格下的市场分配，就可以利用拓扑学的知识理论来证明均衡点的存在性。在拓扑学知识中，我们发现不动点定理是证明这一理论合适而有效的数学方法。其中，阿罗—德布鲁解决瓦尔拉斯均衡理论存在性的两个至关重要的定理为：Brouwer 不动点定理（1911—1912）和 Kakutani 不动点定理（1941），其中，后者是前者的延伸。由于 Brouwer 不动点定理比 Kakutani 不动点定理表示起来需要的数学符号少，因此我们在这里介绍 Brouwer 不动点定理。首先，将单纯形 S 定义为 R_+^N 中点 p 的集合，且满足 $p_1 + p_2 + ... + p_N = 1$，从这个定义中我们容易得出 S 为闭凸集。对于德布鲁（1952）和阿罗—德布鲁（1954）书中的一般均衡定理，应用不动点定理可以表述为如下的形式：

Brouwer 不动点定理：令 $\phi(p)$ 为连续函数 $\phi: S \to S, p \in S$，那么存在一点 $p^* \in S$，使得 $\phi(p^*) = p^*$。

[①] 瓦尔拉斯（1874a, b）关于解的唯一性解释是错误的，事实上，超额需求函数，或者说个体的超额需求函数必须具备其他特征才能使得均衡解存在唯一性和稳定性特征，这就是著名的 Sonnenschein Mantel-Debreu 定理（1973,1974,1974）。此外，唯一性和稳定性的概念是相关的（Arrow and Hurwicz, 1958, 1959），在 Timothy J. Kehoe（1998）出版的《一般均衡分析基础》第三章中给出了纯交换经济和生产经济中均衡解唯一性和稳定性的很好例证。

图2-2中，我们采用单位区间上的连续实值函数简单解释了Brouwer不动点定理。图2-2显示，该定理也表明，如果函数$\phi(\cdot)$是连续的，则$\phi(\cdot)$至少和对角线相交一次，否则$\phi(\cdot)$不可能从区间左端点到达右端点，这个相交点称为不动点。图2-2中只有一个不动点，读者自然而然会想到函数能否和对角线相交第二次，然后相交第三次？表面上来看，有限奇数个不动点是可能存在的。事实上，这种可能性是正则经济体（Regular Economies）存在的一个重要原因。如图2-2所示，当函数$\phi(\cdot)$总能和对角线相交时，我们称这种经济是正则的。用经济学语言可以表述为：在正则经济体中，总存在有限奇数个均衡价格结构。此外，几乎所有的经济体都是正则的，非正则经济体虽然也可以构造，但是用概率术语来说，这种可能性几乎为零。正则经济理论起源于德布鲁（1970）。

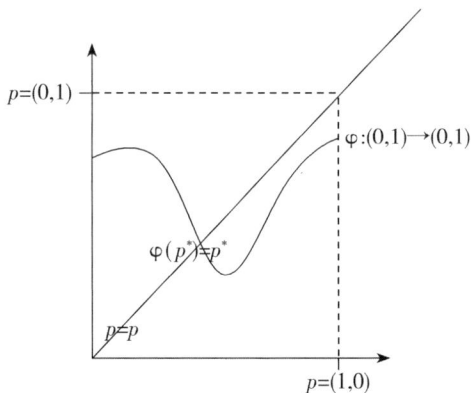

图2-2 单位区间上Brouwer不动点定理的解释

事实上，不动点指的是均衡价格的集合。为证明不动点的存在性，并把这个理论应用在经济学问题中，我们首先需要一个将价格集合映射到其本身的连续函数，并且，这个连续函数也应该能够证明式（2-3）的瓦尔拉斯定律。直观上看，一个好的备选函数应该是超额需求函数的连续变换，因为连续函数的连续变换也是连续的。另外，由于超额需求函数是价格的零次齐次函数，利用标准化形式 $\sum_{i=1}^{N} p_i$ 可以把价格转化为单纯形中的点。

连续函数 $\phi(\cdot)$ 是怎样定义的呢？文献中给出了定义这种映射的几种方式（Gale，1955；Nikaido，1956；Debreu，1956），但是用经济学解释的函数 $\phi(\cdot)$ 可能更受欢迎。为此，把函数 $\phi(\cdot)$ 看作价格调节函数，这类似于模拟所谓的瓦尔拉斯拍卖，可以根据供求定律来调节初始价格，直至获得均衡价格，即不动点可以被确定。瓦尔拉斯拍卖仅仅是表示市场调节的一种象征性方式。

考虑函数：

$$\phi_i(p) = \frac{p_i + \max\left[0, \zeta_i(p)\right]}{1 + \sum_{j=1}^{N} \max\left[0, \zeta_j(p)\right]} \tag{2-8}$$

函数（2-8）实际上是一个价格调节函数，也称为 Gale-Nikaido 映射。为了说明价格调节函数的作用，我们取一组初始价格 p 的集合，如果 p 是均衡值，则对所有的 i，有 $\zeta_i(p) = 0$ 成立，并且，根据式（2-8）的定义，所有的最大化算子都为零，可以得到 $\phi_i(p) = p_i$。换言之，如果 p 是均衡价格，那么 p 也是函数（2-8）的不动点。但是，我们并不总是那么幸运，当遇到一个价格向量 p 时，它很有可能不是均衡价格，这就意味着在一些市场 i 中，式（2-3）定义的超额需求函数将不是零。如果 $\zeta_i(p) > 0$，则式（2-8）的分子表明，商品 i 的价格会由于超额需求为正而明显上升，分母则保证了新调整的价格仍然在单纯形 S 内。需要注意的是，对式（2-8）中所有的 i 求和，会发现 $\sum_{i=1}^{N} \phi_i(p) = 1$，因此价格调节均发生在单纯形 S 内。相反，

如果 $\zeta_i(p) < 0$ ，根据瓦尔拉斯定律的推论，则必然在另一个市场中存在正的超额需求，即市场 k 满足 $\zeta_k(p) > 0$ ，调节规则现在的作用是调节商品 k 的市场价格。只要出现超额正需求，瓦尔拉斯拍卖者将会提高价格，以降低消费者对这些商品的消费欲望。由于价格是相对的，当商品 k 出现正超额需求时，价格 p_k 会上升，这也意味着，当市场 i 出现负超额需求时，价格 p_i 会相应地下降。

调节函数或瓦尔拉斯拍卖的含义为，市场通过调整需求和供给之间的差额来达到均衡。在一些正值价格向量 p^* 下，所有超额需求函数均为零，这时价格调节将会停止。在纯交换经济中，均衡价格 p^* 定义为：

$$\zeta_i(p^*) = 0 \qquad i = 1, 2, ..., N \tag{2-9}$$

下面需要说明的是，式（2-8）中的映射 $\phi(p)$ 有一个不动点，并且这个不动点也是平衡点。第一部分仅是 Brouwer 不动点定理的应用，因为映射 $\phi(p)$ 满足这个定理的全部条件，它是连续的，定义域在单纯形 S 上，因此，存在向量 p^* 使得 $\phi(p^*) = p^*$ 成立。第二部分则是对于这个向量 p^*，需要证明确实存在 $\zeta_i(p^*) = 0$ 对所有的 i 成立。利用 $\phi_i(p^*) = p_i^*$，可以将式（2-8）变为：

$$p_i^* = \frac{p_i^* + \max\left[0, \zeta_i(p^*)\right]}{1 + \sum_{j=1}^{N} \max\left[0, \zeta_j(p^*)\right]} \tag{2-10}$$

对其进行化简，可以得到：

$$p_i^* \cdot \sum_{j=1}^{N} \max\left[0, \zeta_j(p^*)\right] = \max\left[0, \zeta_i(p^*)\right] \tag{2-11}$$

等式两端乘以第 i 个商品的超额需求函数，并进行求和，可得：

$$\left(\sum_{i=1}^{N} p_i^* \cdot \zeta_i \left(p^* \right) \cdot \left(\sum_{j=1}^{N} \max \left[0, \zeta_j \left(p^* \right) \right] \right) \right) = \sum_{i=1}^{N} \max \left[0, \zeta_i^2 \left(p^* \right) \right] \tag{2-12}$$

根据瓦尔拉斯定律，式（2-12）的左端必然为零，因此，右端也必须为零，即所有的 $\zeta_i \left(p^* \right) = 0$。假设其中有一项不为零，不妨设 $\zeta_k \left(p^* \right) \neq 0$，则有 $\zeta_k^2 \left(p^* \right) > 0$，即右端不为零，等式矛盾，因此，所有的 $\zeta_i \left(p^* \right) = 0$。

我们已经知道均衡价格向量 p^* 是映射 $\phi(p)$ 的不动点，并且这个映射的不动点 p^* 也是经济的均衡点，这一点往往容易被忽略或者被忘记，但是又至关重要，因为它说明了存在性定理和不动点定理在事实上是等价的。

现在我们分析均衡点的数量问题，回顾图 2-2 可知，我们以前介绍过对于大部分经济而言，均衡点的数量为有限奇数个。事实上，这个问题可以利用比较统计方法证明。比较统计方法是评估一般均衡模型中具体政策的常规方法（Kehoe，1985，1991）。通过把初始均衡，例如基准（benchmark）均衡和改变政策后产生的均衡，例如反事实（counterfactual）均衡进行比较，从而探索政策对整体经济的影响。如果对于每一个描述经济的结构和政策参数集而言，均衡是唯一的，并且是连续的，那么比较静态分析是有意义的。我们可以比较两个均衡点，并从比较中得到有关政策是如何影响经济等有价值的信息。但是，如果出现了多重均衡，我们就会陷入方法论的困境，因为参数的变化可能会使得经济移动至另外一个均衡。如果没有先验信息，我们就不会知道其他政策的改变是否可以使系统转变到另外一个均衡。总之，非唯一性会使得我们难以确定比较的对象是什么。另外需要注意的是，如果对于每一个可能的参数集而言，经济的均衡点都是唯一的，那么它既是全局的也是局部唯一的，参数的变化很大或者很小，对于比较静态都没有影响，任何事情都会完美地进行。当一个经济体中存在多重均衡时，那么问题就是这些均衡点是否是局部唯一的？如果是局部唯一的，假设变化足够小并包含在初始均衡的一个闭邻域内，那么比较静态仍然有意义。但是，如果参数变化比较大，那么比较静态在方法论上是不正确的，因为我们不知道经济会发生什么样的变化。

关于保证均衡点唯一性的理论条件，经济学家们已经进行了广泛的研究（Wald，1936b；Arrow and Hahn，1971；Kehoe，1980，1985，1991；Kehoe and Mas-Colell，1984；Kehoe and Whalley，1985；Mas-Colell，1991）。对于纯交换经济体系而言，如果总超额需求函数满足所谓的总替代性（Gross Substitutability）特征，就可以保证均衡点的唯一性，这个性质排除了需求中各种类型的互补。用数学语言表示为：

如果我们有两个价格向量 p 和 p^*，使得一些商品 j 满足 $p'_j > p_j$，但当 $i \neq j$ 时，$p'_i = p_i$，则有 $\zeta_i(p') > \zeta_i(p), i \neq j$，这就意味着如果商品 j 的价格上升，那么其他商品 $i, i \neq j$ 的超额需求也会增加；利用导数可以表示为 $\partial \zeta_i(p)/\partial p_j > 0$，反之亦然。

总替代性条件是保证均衡点全局唯一性的充分但非必要条件，通过考虑两个不同的均衡价格 p' 和 p，它们是不成比例的（或者，它们仅是彼此的不同标准化形式），那么证明过程简洁明了。如果它们是均衡价格，则对所有的商品 i 而言，有 $\zeta_i(p') = \zeta_i(p) = 0$ 成立。一般来说，如果需要的话，我们可以通过价格标准化（Price Normalization）找到商品 k 使得 $p'_k = p_k$，并且 $p'_j \geq p_j$，对于一些商品 $j \neq k$，严格大于号成立。在这种情况下，比如说商品 $\bar{j}$ 的价格从 $p'_{\bar{j}}$ 上升到 $p_{\bar{j}}$，根据总替代性性质，商品 k 的超额需求将会增加，即 $\zeta_k(p') > \zeta_k(p)$，这就违反了均衡条件，因此，价格不可能是不同的。

在纯交换经济中，总替代性的充分条件是每个经济主体消费的替代弹性大于等于 1（Kehoe，1992），如果总替代性的假设不满足，例如，消费替代弹性小于 1 时，我们还需要什么样的其他假设？超额需求函数的这个性质是显示偏好弱公理的延伸，在这里我们省略具体的细节，有兴趣的读者可以参考 Kehoe（1992，1998）。

当存在多重均衡时，从应用模型类型的角度来说，均衡点的全局或至少局部唯一性是非常重要的，这个问题我们在下一章构造和处理应用模型时将会具体介绍。由于这些模型通常用于评估实际政策变化，我们必须保证均衡的比较具有方法论意义。讨论均衡点唯一性的文献中提出的理论条件，对应用模型来说是比较强的，因此，这些模型需要一些实际例子进行验证。在该方面的研究中，Kehoe 和 Whalley（1985）对于美国和墨西哥经济应用一般均衡模型分别使用一维和二维的网格搜索方法，深入地通过数值计算来寻找多重均衡，研究表明并没有发现这种多重性。虽然他们的研究并没有基于理论论据，但是用于实证检验的一般均衡模型是非常标准的，因而再次确保了实证分析一般情形中均衡点的唯一性，这至少从经验角度增强了常规的比较静态方法的可信性。

|2.3| 瓦尔拉斯均衡的规范性质

在讨论了瓦尔拉斯均衡的基本结论后，我们现在把注意力转移到它的规范性方面。竞争均衡良好的福利性特征使得这一理论吸引了一代又一代的经济学家，这些福利性质可以通过福利经济学中的两个重要定理进行归纳（Arrow，1951）。其中，福利经济学第一定理（First Theorem of Welfare Economics）内容是，任何瓦尔拉斯分配满足帕累托效率（Pareto Efficient）；福利经济学第二定理（Second Theorem of Welfare Economics）则指出，任何帕累托效率的分配通过一次性转移支付可以变为瓦尔拉斯分配，其中，一次性转移支付的含义是：转移是基于初始禀赋的资本转手，因此，没有浪费任何的初始经济资源。

如果没有其他的分配方式使得至少一个经济主体的情况变得更好，同时没有使其他人情况变得更差，则称这种分配方式满足帕累托效率。在埃奇沃斯盒经济背景下，第一定理意味着：如果经济处于瓦尔拉斯均衡状态，那么不存在替代的可行分配，使得这种经济里的每个经济主体的状况变好。换言之，没有办法使得每个经济主体一致同意采取另外一种不同的分配方式，如果市场均衡发生变动，一些人的状况会变得更差。

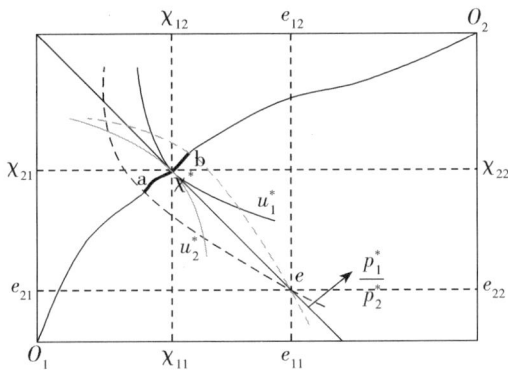

图2-3 第一福利定理

在纯交换经济中，与不交易时相比，只要交易能够使得经济主体的状况变好，他们将会参与商品交换过程及交易，从这种意义上来说，经济主体是理性的。在所有的帕累托效率分配中，如图2-3所示，分配 a 使得经济主体1处于交易和不交易的中立状态，分配 b 对经济主体2而言也是如此。连接 a 点和 b 点的曲线称为契约曲线，它表示所有的可行分配，使得每个经济主体的状况至少和初始禀赋时一样好，契约曲线中的所有分配代表一个帕累托分配的子集，即图2-3中 O_1 点和 O_2 点之间的连线。瓦尔拉斯拍卖者将会调整价格直至达到均衡价格 p_1^*/p_2^*，即超额需求为零。需要注意，由于均衡分配 χ^* 在契约曲线上，这种分配就是帕累托效率分配。

现在我们给出福利经济学第一定理的简单证明。考虑存在另一个可行分配 $\hat{\chi}$ 优于瓦尔拉斯分配 χ^*，这就意味着在均衡价格 p^* 处，有式（2-13）成立：

$$\sum_{i=1}^{N} p_i^* \hat{\chi}_{ih} \geq \sum_{i=1}^{N} p_i^* \chi_{ih}^* \quad \text{对于 } h \in H \tag{2-13}$$

且

$$\sum_{i=1}^{N} p_i^* \hat{\chi}_{ih} > \sum_{i=1}^{N} p_i^* \chi_{ih}^* \quad \text{至少有 1 个经济主体 } h^* \in H \tag{2-14}$$

如果 $\hat{\chi}$ 和 χ^* 至少同样好，那么 $\hat{\chi}$ 肯定超出了所有经济主体的预算集，否则，他们会选择同样好的分配方案。对于所有经济主体，将式（2-13）和式（2-14）相加，可以得到：

$$\sum_{h=1}^{H} \sum_{i=1}^{N} p_i^* \hat{\chi}_{ih} > \sum_{h=1}^{H} \sum_{i=1}^{N} p_i^* \chi_{ih}^* = \sum_{h=1}^{H} \sum_{i=1}^{N} p_i^* e_{ih} \tag{2-15}$$

事实上，式（2-15）是一个矛盾的式子，因为其表明 $\hat{\chi}$ 不是一个可行分配。

需要指出的是，帕累托效率和瓦尔拉斯均衡在概念上是不同的。帕累托效率是一个仅依赖于总禀赋和个人偏好的特定分配子集，而瓦尔拉斯均衡和两个变量、分配及价格集合都有关，且依赖于个人禀赋和个人偏好。从更严格的意义上来讲，并非所有的帕累托效率分配都是瓦尔拉斯均衡。然而，通过对禀赋设计一个合适的转换和分配方式，并且在一些基本的技术假定可以满足的条件下（例如当生产可能性存在时，偏好和技术具有凸性），我们可以把所有的帕累托效率分配转变成为瓦尔拉斯均衡，这恰好是福利经济学第二定理表述的内容。

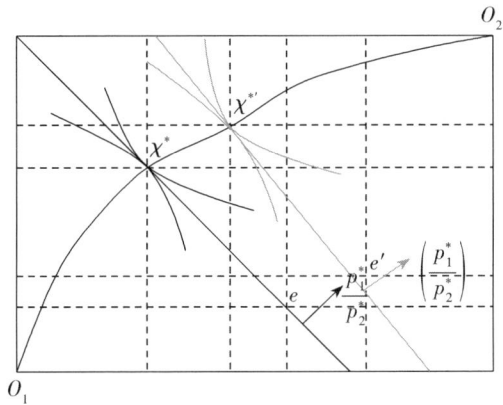

图2-4　第二福利定理

图2-4显示，我们可以表示出两个帕累托效率分布 χ^* 和 $\chi^{*'}$，假设它们是经济中两种不同的总禀赋分配方式，即 $e \neq e'$，它们都可以被认为是瓦尔拉斯分配。从图2-4中，我们可以看到福利经济学第二定律的含义。如果假设中央计划者或一些社会福利函数认为分配 $\chi^{*'}$ 比目前市场分配 χ^* 更具有社会吸引力，同时假设政府想要通过市场运行实现分配 $\chi^{*'}$，那么政府需要怎样做才能实现这个目标？实际的细节并不重要，但是福利经济学第二定理将会给我们提供一些建议，例如，通过再分配将初始禀赋值由 e 变为 e'，在新的禀赋分配下市场会实现新的平衡。因为经济中总禀赋资产保持不变，任何经济实物资产的再分配称为一次性转移支付，如图2-4中，$t = e' - e$。同时需要注意的是，图2-4中的 e' 仅表示许多可能出现的再分配方案中的一种情况，因此，在设计再分配方案时有一些可选择的余地，并且效率和公平可以分别考虑。

|2.4| 本章小结

一般均衡理论为经济学提供了有效、合理的分析工具，并为众多的经济学家提供了一种严谨的分析思想。一般均衡的影响是广泛的，并超出了它原始的传统微观经济学范畴。例如，现代宏观经济学在个体加总、动态时间设置上是一般均衡的，产业组织起源于局部均衡并采用了一般均衡的成果，国际贸易理论也是国家或地区之间的一般均衡。

毕竟，实际经济体系是由许多的经济主体、市场和机构组成的，他们紧密联系在一个庞大的社会体系中。从经济学角度来讲，一般均衡理论赋予了我们从复杂的联系中发现某些关系的洞察力。理论模型是一种理想的构造，它们是基于一些假设建立起来的。把这些模型转化为更一般的应用模型是合理的，一方面可以完善理论结果，另一方面，我们需要一些有效可行的工具，来探索复杂事物之间错综繁杂的关系。此外，在实际生活中，我们需要评估不同层次政府实施的经济政策的有效性。在下一章中我们将会看到，在这一方面应用一般均衡是非常有效的工具。

在本章中，我们从实证和规范分析两个方面，以读者可以接受的、尽可能简单的方式，阐述了瓦尔拉斯均衡的主要性质和它们之间的理论联系。虽然，瓦尔拉斯模型仅仅是一个理论模型，但是，这是我们进行研究的出发点，同时它也为我们提供了合理进行应用经济分析的必要工具。

第 3 章

简单的一般均衡模型

在这一章本书将会介绍一般均衡模型框架，并对它进行深入描述。我们的目的是以通俗易懂的方式展示基础模型的主要结构，为此我们省略了几乎所有的细节，尽管这些细节对处理实际经济中的政策应用问题发挥着至关重要的作用。本章中模型描述的是不存在政府且无国际贸易的简单经济。无政府就意味着任何经济活动都不需要交税，并且政府支出为零。同样地，无国际贸易表明所有商品的生产和消费均发生在国内，没有国内商品作为出口被派送到国外，同时也没有国外商品作为进口被输送到国内，仅有的经济主体就是家庭（或消费者）和企业（或生产者）。

|3.1| 家 庭

假设在经济中存在 H 个家庭，每一个家庭的特征都可以根据他们的偏好和拥有商品的初始禀赋，用一对符号 $\{u_h, e_h\}$ 表示出来，其中，u_h 为效用函数，e_h 是一个向量，描述了家庭 h 所拥有的商品初始禀赋。我们把商品分为消费品和中间品，总数量为 N；消费者拥有的生产要素（例如，各种类型的劳动和资本）数量为 K，则完整的商品空间可以表示为 $R^N \times R^K$，并

且向量 $(c,x) \in R^N \times R^K$ 是一个典型的组合，其中，$c \in R^N$ 表示生产的商品，$x \in R^K$ 表示要素或非生产的商品。基于这种表示方法，消费者 h 的初始禀赋向量 e_h 是 R^N 中的一个点，因为我们假设生产的商品没有初始禀赋。

每个消费者 h 面临一系列消费商品的价格 $p = (p_1, p_2, ..., p_N)$ 以及要素价格 $\omega = (\omega_1, \omega_2, ..., \omega_k)$，消费者希望获得最优的消费组合，这个目标可以通过求解带约束的效用最大化问题实现：

目标函数：$Max u_h(c_h, x_h)$

约束条件：$\sum_{i=1}^{N} p_i \cdot c_{ih} + \sum_{j=1}^{K} \omega_k \cdot x_{kh} = \sum_{k=1}^{K} \omega_k \cdot e_{kh}$　　　　　　（3-1）

其中，c_{ih} 是消费者 h 消费商品 i 的数量，x_{kh} 是家庭 h 使用要素 k 的数量，就劳动力方面而言，后者容易被解释为闲暇，但是从资本方面来解释，我们很难找到一个清晰的概念。但是，在实际中不会出现解释上的困难，因为无论在什么情况下，资本都不会产生效用。

我们可以假设这个问题中效用函数 u_h 有一个解。① 给定价格向量 (p, ω)，则问题的最优解可以表示为：

消费需求：$c_h(p, \omega)$，且 $c_h(p, \omega) \in R^N$

要素供给：$s_h(p, \omega) = e_h - x_h(p, \omega)$，且 $s_h(p, \omega) \in R^K$　　　（3-2）

现在，如果要素 k 不进入效用函数，那么消费者利用所有的收入来购买商品，其状况会变得更好。这扩大了可行集并使得消费者可以移动至更高水平的无差异曲线上。在这种情况下，$x_{kh}(p, \omega) = 0$，消费者 h 将会无弹性地提供自己所拥有要素 k 的初始禀赋，即 $s_{kh}(p, \omega) = e_{kh}$。

---

① 更具体地说，这些函数是连续可微的、凹的、单调递增的。

|3.2| 企　业

假设企业和用于消费商品的数量同样多，都为 N，每个企业生产且只生产一种商品。令 x_{kj} 代表企业 j 使用要素 k 的数量，y_j 表示其产出，生产函数 F_j 中企业可以利用的技术是允许要素相互替代的，可以表示为：

$$y_j = F_j\left(x_{1j}, x_{2j}, ..., x_{Kj}\right) \tag{3-3}$$

假设函数 F_j 表现出规模报酬不变（CRS）（Varian 1992，Chap. 1）性质。另外，每单位产出的生产需要原材料作为投入，这些投入也是被生产出的商品，它们和消费品属于同一类型。事实上，它们和前面提及的 N 种消费品是同样的商品，它们之间的区别在于商品是被家庭使用（作为消费）还是被企业使用（作为中间投入）。我们进一步假设这些中间投入的单位需求与产出规模无关，对于企业 j 而言，它采用 $y_{ij} = a_{ij} \cdot y_j$ 单位的商品 i 进行生产，这里 a_{ij} 是非负的系数，描述了在商品 j 的生产过程中投入和产出之间的关系。从现在开始，我们称之为投入—产出系数，需要注意的是，在这里原材料没有替代品。

完全等价地，生产技术的设定表明这些要素可以产生一个复合要素，叫作"增加值"（VA），然后，增加值与固定比例的物质投入相结合获得产出。因此，我们把生产函数表述为两个阶段，第一个阶段为经典的里昂惕夫生产函数（Leontief，1966），其表达式为：

$$y_j = \min\left(\frac{VA_j}{v_j}, \frac{y_{1j}}{a_{1j}}, \frac{y_{2j}}{a_{2j}}, ..., \frac{y_{Nj}}{a_{Nj}}\right) \tag{3-4}$$

其中，v_j 是一个系数，表示商品 j 的单位产出所需要的增加值的最小量，y_{ij} 表示获得商品 j 的产出 y_j 单位所需要的商品 i 数量。在第二阶段，存在有一

个生产函数 f_j，在允许要素替代的情况下将生产要素映射到增加值，其形式为：

$$VA_j = f_j\left(x_{1j}, x_{2j}, ..., x_{Kj}\right) \tag{3-5}$$

构造系数 v_j，满足 $v_j = VA_j / y_j$，则有：

$$VA_j = v_j \cdot y_j = v_j \cdot F_j\left(x_{1j}, x_{2j}, ..., x_{Kj}\right) \tag{3-6}$$

式（3-3）中的函数 F_j 和式（3-5）中 f_j 的关系可以简单地表达为 $f_j = v_j \cdot F_j$。

企业的目标是，对于给定的商品价格 p、要素价格 ω 和可利用的技术，使得产出实现最大化利润。对于产出水平 y_j，企业的收益表达式为 $I_j = p_j \cdot y_j$，总成本包括生产要素支出和对提供中间投入的其他企业的支出，即：

$$C_j\left(y_j\right) = \sum_{k=1}^{K} \omega_k \cdot x_{kj} + \sum_{i=1}^{N} p_i \cdot y_{ij} \tag{3-7}$$

在生产 y_j 单位产出时，使得成本最小化的生产要素组合是下面这个问题的解：

目标函数： $Min \sum_{k=1}^{K} \omega_k \cdot x_{kj} + \sum_{i=1}^{N} p_i \cdot y_{ij}$

约束条件： $y_j = F_j\left(x_{1j}, x_{2j}, ..., x_{Kj}\right)$ （3-8a）

给定产出水平 y_j，通过系数 v_j 可以得到复合要素增加值的需求量（ $VA_j = v_j \cdot y_j$ ），同时，投入—产出系数决定了其他要素的投入量（ $y_{ij} = a_{ij} \cdot y_j$ ），上述问题可简化为：

目标函数： $Min \sum_{k=1}^{K} \omega_k \cdot x_{kj}$

约束条件： $VA_j = f_j\left(x_{1j}, x_{2j}, ..., x_{Kj}\right)$ （3-8b）

通过求解这个问题，我们可以得到企业 j 对要素 k 的条件要素需求 $x_{kj} = x_{kj}(\omega; VA_j)$，把这些函数代入目标函数，可以得到复合要素增加值的成本函数：

$$C_j(\omega; VA_j) = \sum_{k=1}^{K} \omega_k \cdot x_{kj}(\omega; VA_j) \qquad (3\text{-}9)$$

规模报酬不变就意味着生产 VA_j 单位复合要素的总成本可以被分解为两个因素的乘积，分别为增加值的单位成本和增加值的实际量[①]：

$$C_j(\omega; VA_j) = C_j(\omega; 1) \cdot VA_j \qquad (3\text{-}10)$$

事实上，单位成本 $C_j(\omega; 1)$ 是增加值的价格指数，我们把这个价格指数表示为 $pva_j(\omega)$（增加值的价格）。在决定生产要素的最优组合时，绝对水平值并不重要，根据式（3-7）和式（3-9）可以得到：

$$
\begin{aligned}
C_j(y_j) &= C_j(\omega; VA_j) + \sum_{i=1}^{N} p_i \cdot y_{ij} = C_j(\omega; 1) \cdot VA_j + \sum_{i=1}^{N} p_i \cdot y_{ij} \\
&= pva_j(\omega) \cdot VA_j + \sum_{i=1}^{N} p_i \cdot y_{ij}
\end{aligned}
\qquad (3\text{-}11)
$$

现在我们可以定义平均或单位成本 ac_j，利用式（3-4）定义的技术系数，则有下式成立：

$$
\begin{aligned}
ac_j &= \frac{C_j(y_j)}{y_j} = \frac{pva_j(\omega) \cdot VA_j + \sum_{i=1}^{N} p_i \cdot y_{ij}}{y_j} \\
&= pva_j(\omega) \cdot v_j + \sum_{i=1}^{N} p_i \cdot a_{ij}
\end{aligned}
\qquad (3\text{-}12)
$$

最后，利润函数可以表示为：

$$
\begin{aligned}
\Pi_j(y_j) &= p_j \cdot y_j - ac_j \cdot y_j \\
&= (p_j - ac_j) \cdot y_j
\end{aligned}
\qquad (3\text{-}13)
$$

---

① 这是微观经济理论的重要结论，详见 Varian（1992），第 5 章。

利润最大化要求 $p_j = ac_j$，无论产量是多少，企业的经济利润为零，并且，产出水平是由需求决定的。在规模报酬不变（CRS）的条件下，ac_j 也是我们所熟悉的边际成本（marginal cost），因此，标准教科书里面的条件"价格=边际成本"是满足的。

此时，我们可以便捷地以矩阵形式引入一些新的符号。如果令 A 表示投入—产出系数 a_{ij} 组成的矩阵，V 是对角矩阵，其对角元素定义为 $v_{jj} = v_j$，$pva(\omega)$ 表示单位部门增加值向量，那么综合式（3-12）和零利润条件，可以得到：

$$p = pva(\omega) \cdot V + p \cdot A \qquad\qquad (3-14)$$

式（3-14）简洁地表示了模型的基础价格方程，在一些情况下，另外一个价格方程或许更为合适。由于 $pva(\omega)$ 是生产任意商品单位增加值的最优（最小）成本，总成本由式（3-9）给出，将微观经济学中著名的谢泼德引理（Shephard's lemma）应用到成本函数 $C_j(\omega; VA_j)$ 中，可以得到要素 k 的条件需求函数：

$$\frac{\partial C_j(\omega; VA_j)}{\partial \omega_k} = x_{kj}(\omega; VA_j) \qquad\qquad (3-15)$$

式（3-15）右端同时乘以并除以 VA_j，进而得到：

$$\begin{aligned} x_{kj}(\omega; VA_j) &= \frac{x_{kj}(\omega; VA_j)}{VA_j} \cdot VA_j \\ &= b_{kj}(\omega) \cdot VA_j \end{aligned} \qquad\qquad (3-16)$$

其中，$b_{kj}(\omega)$ 可以认为是要素价格为 ω 时，生产商品 j 的单位增加值所需要素 k 的最优数量，同时，作为投入（要素 k）对产出（增加值 j）的比率，b_{kj} 是一个技术系数。事实上，系数 $b_{kj}(\omega)$ 的集合，都是可变的技术系数，因为它们依赖于要素价格向量 ω 的取值。综合式（3-9）和式（3-10），则有下式成立：

$$
\begin{aligned}
C_j\left(\omega\,;VA_j\right) &= C_j\left(\omega\,;1\right)\cdot VA_j \\
&= \sum_{k=1}^{K} \omega_k \cdot x_{kj}\left(\omega\,;VA_j\right)
\end{aligned}
\tag{3-17}
$$

由于 $pva_j(\omega) = C_j(\omega\,;1)$，进而得到：

$$
\begin{aligned}
pva_j(\omega) &= \frac{1}{VA_j}\cdot \sum_{k=1}^{K} \omega_k \cdot x_{kj}\left(\omega\,;VA_j\right) \\
&= \sum_{k=1}^{K} \omega_k \cdot \left(\frac{x_{kj}\left(\omega\,;VA_j\right)}{VA_j}\right) = \sum_{k=1}^{K} \omega_k \cdot b_{kj}(\omega)
\end{aligned}
\tag{3-18}
$$

将式（3-18）代入式（3-14）中，可得均衡价格方程为：

$$
p_j = v_j \cdot \sum_{k=1}^{K} \omega_k \cdot b_{kj}(\omega) + \sum_{i=1}^{n} p_i \cdot a_{ij}
\tag{3-19}
$$

由式（3-19）可得，当替代可能性存在时，技术系数是依赖于价格的。

| 3.3 | 均　衡

上述的基础模型描述了需求和供给是如何确定的，以及它们和价格之间的关系。这种经济均衡对应于标准的瓦尔拉斯概念：给定某些商品和要素的价格，所有的生产者能获得最大利润，所有的消费者可以实现效用最大化，并且所有的商品和要素市场均是出清的。因此，当处于均衡价格时，并且所有的可行性约束成立时，所有的经济主体在个人约束范围内可以做的尽可能好。

在需求方面，消费者需求商品以满足他们的消费需要，企业需要投入商品来进行生产。另外，生产中企业还需要投入必要的生产要素。在供给方面，由企业提供商品、中间投入品，消费者提供部分或全部的要素禀赋。通过对个人需求和供给计划加总，可以得到市场需求和供给。

家庭的消费需求向量表达式为：

$$CD(p,\omega) = \sum_{h=1}^{H} c_h(p,\omega) \tag{3-20}$$

利用矩阵 A 所示的企业生产技术，可以得到商品 i 的总中间需求为：

$$ID_i = \sum_{j=1}^{N} a_{ij} \cdot y_j \tag{3-21}$$

对式（3-21）进行分析可得，首先，由于中间投入符合里昂惕夫生产函数（即固定投入比例），中间品需求不依赖于价格。其次，ID_i 是投入产出矩阵 A 的第 i 行和产出列向量 $Y = (y_1, y_2, ..., y_N)^T$ 的乘积，因此，中间需求（列向量）ID 可以表示为：

$$ID = A \cdot Y \tag{3-22}$$

商品总需求 $TD(p,\omega)$ 的表达式为：

$$TD(p,\omega) = CD(p,\omega) + A \cdot Y \tag{3-23}$$

当企业 i 的产出为 y_i 单位时，根据固定系数的里昂惕夫生产函数，需要使用 $v_i \cdot y_i$ 单位的增加值。因此，为实现生产计划 y_i，企业对每种要素 k 的总需求量为：

$$z_{ki}(\omega; y_i) = x_{ki}(\omega; VA_i) = x_{ki}(\omega; v_i \cdot y_i) = b_{ki}(\omega) \cdot v_i \cdot y_i \tag{3-24}$$

由式（3-24）易于得出，当要素价格为 ω，产出水平为 Y 时，企业的总要素需求向量 Z 为下面的矩阵表达式（3-25）：

$$Z(\omega; Y) = B(\omega) \cdot V \cdot Y \tag{3-25}$$

其中，$B(\omega)$ 为 $K \times N$ 阶矩阵，表示可变的要素系数；V 是 $N \times N$ 阶对角矩阵，表示单位增加值需求；Y 是 N 维列向量，表示产出。

在供给方面，作为效用最大化问题的解（回顾式（3-2）），消费者 h 希望提供的要素向量为 $s_h(p, \omega)$，因此，对所有的 H 个消费者求和，可以得到市场上要素总供给的 K 维向量，其表达式为：

$$
\begin{aligned}
S(p, \omega) &= \sum_{h=1}^{H} \left(e_h - x_h(p, \omega) \right) \\
&= \sum_{h=1}^{H} e_h - \sum_{h=1}^{H} x_h(p, \omega) = e - X(p, \omega)
\end{aligned}
\qquad (3\text{-}26)
$$

其中，e 表示所有的禀赋向量，$X(p, \omega)$ 表示家庭使用的要素（例如，在劳动力方面对闲暇的需求）。

企业技术的规模报酬不变假设意味着，从企业角度而言任何产量都是最优的，因为任何产出水平都产生零经济利润。因此，只要价格等于边际成本，每个企业都会相应地调整产出水平，以适应消费者的消费需求和其他企业的中间投入需求。取决于商品和要素供求计划的所有价格一旦确定后，新古典主义的均衡将会产生一系列的商品和要素价格 (p^*, ω^*) 以及产出水平向量 Y^*，并使得下式成立：

（i）商品的总供给等于所有的市场需求：

$$
Y^* = TD(p^*, \omega^*, Y^*) = CD(p^*, \omega^*) + A \cdot Y^*
$$

（ii）要素的总供给等于所有市场需求：

$$
S(p^*, \omega^*) = Z(\omega^*; Y^*)
$$

（iii）所有企业获得零利润：

$$
p^* = pva(\omega^*) \cdot V + p^* \cdot A
\qquad (3\text{-}27)
$$

计算方程和变量的个数不但有趣而且具有重要意义。由于 $Y \in R^N$，则第一个方程组中有 N 个方程，每种生产的商品对应一个方程；第二个均衡条件描述了 K 个要素的市场出清，同时（iii）中零利润条件适用于经济中的 N

个企业。总之，在均衡体系中有 $2N+K$ 个方程。至于变量方面，其数量也为 $2N+K$ 个，其中 N 个变量对应商品价格 p，K 个变量对应要素价格 ω，还有 N 个变量对应产出水平 Y。因此，表示经济均衡的方程系统（3-27）包含的方程个数和变量个数是相等的。但是，这并不能保证方程均衡系统一定有解。实际上，我们给定偏好和技术上的假设，所有的需求函数是价格的零次齐次函数，因此，微观经济学理论认为，只有相对价格有效，并且至多可以确定 $2N+K-1$ 个价格。另一方面，市场需求函数满足严格的预算约束，即第二章中我们介绍的瓦尔拉斯定律（Varian，1992，Chap 17），其具体形式为：

$$p \cdot [CD(p,\omega)-(I-A) \cdot Y] + \omega \cdot [Z(\omega,Y)-S(p,\omega)] = 0 \tag{3-28}$$

瓦尔拉斯定律的含义为，有一个市场出清条件是多余的，均衡系统仅仅包含了 $2N+K-1$ 个独立的方程。为了确定系统中所有的变量，尤其是全部 $N+K$ 个价格，我们需要选择一些测量单位，用经济学术语来讲，这样一个参考单位通常被称为基准价格。进行模型系统求解的最简单方法就是给均衡系统增加一个新的方程，使之通过确定一个价格可以建立一系列价格之间的标准。

事实上，均衡系统（i）—（iii）涉及的 $2N+K$ 个方程和 $2N+K$ 个未知量，可以在维数上减少到 K 个方程和 K 个未知量。给定要素价格向量 ω，由条件（iii）可以得到：

$$p = pva(\omega) \cdot V \cdot (I-A)^{-1} \tag{3-29}$$

并且，只要 A 是技术矩阵[①]，则逆矩阵 $(I-A)^{-1}$ 是非负的并且商品价格也是非负的。我们把 p 对 ω 的依赖关系表示为 $p = p(\omega)$，向量 $(p(\omega),\omega)$ 决定了消

---

① 它的最大尼乌斯根比1小，说见 Nikaido（1972）第3章。

费需求 $CD(p(\omega),\omega)$，根据条件（i）和式（3-23），可以得到如下表达式：

$$Y = (I-A)^{-1} \cdot CD(p(\omega),\omega) \tag{3-30}$$

如前所述，如果矩阵 A 是技术矩阵，对于任意的 ω，产出水平 Y 是非负的。令 $Y = Y(\omega)$ 表示产出水平和给定的要素价格向量 ω 之间的关系，则对于选定的 ω、$p = p(\omega)$ 和 $y = y(\omega)$ 而言，条件（ii）成立，即要素市场处于均衡时，完全均衡系统可以被确定。换言之，给定的 ω 可以解出条件（ii）中 K 个方程的 K 个未知量，即：

$$S(p(\omega),\omega) = B(\omega) \cdot V \cdot Y(\omega) \tag{3-31}$$

它同时求解了条件（i）和（iii），这就提供了一个寻找均衡的可行策略。因此，我们可以建立一个降低维数的模型，并基于解 ω^* 求得其他的变量 p^* 和 Y^*。这种方法在模型求解的数值计算阶段有明显的优势，因为这使得我们把解的搜索空间从 $2N+K$ 维降低到更小的 K 维。

|3.4| 一个简单的例子

证明理论分析的最好方式莫过于实例说明。为了简单和清晰起见，我们假设经济中存在四个经济主体，分别为两个消费者和两个企业，这个小型的经济体足以说明一般均衡模型的相关问题。假设每个企业使用两种生产要素（劳动力和资本）以及中间需求商品来生产两种不同的商品，消费者拥有生产要素，他们向企业提供劳务并获得相应的报酬，这也提高了他们的消费购买能力。假设两个消费者对于仅有的两种商品的偏好均满足标准的柯布道格拉斯效用函数（Cobb and Douglas，1928）。例如：

$$\begin{aligned} u_1(c_{11},c_{21}) &= c_{11}^{\beta_{11}} \cdot c_{21}^{\beta_{21}} = c_{11}^{0.3} \cdot c_{21}^{0.7} \\ u_2(c_{21},c_{22}) &= c_{21}^{\beta_{21}} \cdot c_{22}^{\beta_{22}} = c_{12}^{0.6} \cdot c_{22}^{0.4} \end{aligned} \tag{3-32}$$

对于消费者 $(h=1,2)$ 而言，禀赋向量定义为如下形式：

$$e_1 = (e_{11}, e_{21}) = (30, 20)$$
$$e_2 = (e_{12}, e_{22}) = (20, 5)$$

不失一般性，我们可以把向量 e_h 的第一个元素 $(k=1)$ 解释为劳动力，第二个元素 $(k=2)$ 解释为资本。

在这种经济里面，两个企业的技术完全可以通过投入—产出矩阵 A 以及增加值生产函数 VA 进行描述。假定矩阵 A 的赋值为：

$$A = \begin{pmatrix} a_{11} & a_{12} \\ a_{21} & a_{22} \end{pmatrix} = \begin{pmatrix} 0.20 & 0.50 \\ 0.30 & 0.25 \end{pmatrix}$$

然而，柯布道格拉斯函数也用于表示两个企业劳动力和资本之间的替代可能性：

$$VA_1 = \mu_1 \cdot x_{11}^{\alpha_{11}} \cdot x_{21}^{\alpha_{21}} = \mu_1 \cdot x_{11}^{0.8} \cdot x_{21}^{0.2}$$
$$VA_2 = \mu_2 \cdot x_{12}^{\alpha_{12}} \cdot x_{22}^{\alpha_{22}} = \mu_2 \cdot x_{12}^{0.4} \cdot x_{22}^{0.6} \tag{3-33}$$

其中，μ_j 为与投入要素和增加值单位产出有关的系数。

最后一步是选择表示增加值的数量 v_j，它以一定的比例和中间投入结合在一起，假设这些系数的值为 $v_1 = 0.5$，$v_2 = 0.25$，则完整的生产函数可以表示为：

$$y_1 = \min\left(\frac{VA_1}{0.5}, \frac{y_{11}}{0.2}, \frac{y_{21}}{0.3}\right)$$
$$y_2 = \min\left(\frac{VA_2}{0.25}, \frac{y_{12}}{0.5}, \frac{y_{22}}{0.25}\right) \tag{3-34}$$

其中，由柯布道格拉斯表达式（3-33）可以清楚地看到，VA_j 依赖于 x_{ij}。偏好和技术的描述完全刻画了这种简单经济的实物方面，当赋予经济主体效用和利润最大化等行为假设时，可以进一步得到商品和要素的需求和供给函数，并建立它们之间的均衡关系。

首先考虑消费者，因为他们只能通过消费获得效用，对于消费者 $h = 1,2$ 而言，预算约束为：

$$p_1 \cdot c_{1h} + p_2 \cdot c_{2h} = \omega_1 \cdot e_{1h} + \omega_2 \cdot e_{2h} \tag{3-35}$$

给定价格 p 和 ω，求具有柯布道格拉斯偏好效用最大化问题的解，可以得到消费者 h 对商品 i 的需求：

$$c_{ih}(p,\omega) = \beta_{ih} \frac{\omega_1 \cdot e_{1h} + \omega_2 \cdot e_{2h}}{p_i} \tag{3-36}$$

在此基础上，消费者的总消费需求，即式（3-20）所定义的 $CD(p,\omega)$ 就可以被确定。

对于企业而言，需要求得要素需求和中间商品需求，具体而言，求解式（3-8），可以得到增加值的成本函数，在这个例子中，其形式为：

$$C_j(\omega, VA_j) = \frac{1}{\mu_j} \cdot \alpha_{1j}^{-\alpha_{1j}} \cdot \alpha_{2j}^{-\alpha_{2j}} \cdot \omega_1^{\alpha_{1j}} \cdot \omega_2^{\alpha_{2j}} \cdot VA_j \tag{3-37}$$

系数 μ_j 与测量单位有关，这就给了我们选择测量单位从而选择 μ_j 的空间。为了方便起见，我们选择 μ_j 满足下式：

$$\frac{1}{\mu_j} \cdot \alpha_{1j}^{-\alpha_{1j}} \cdot \alpha_{2j}^{-\alpha_{2j}} = 1$$

这个单位的选择在很大程度上简化了符号的表示，并给出一个更为简洁的成本函数表达式：

$$C_j(\omega, VA_j) = \omega_1^{\alpha_{1j}} \cdot \omega_2^{\alpha_{2j}} \cdot VA_j \tag{3-38}$$

现在利用谢泼德引理可以得到要素的条件需求和可变的技术系数。经过计算，求得企业 j 对劳动力 $(k = 1)$ 的需求为：

$$\frac{\partial C_j(\omega, VA_j)}{\partial \omega_1} = x_{1j} = \alpha_{1j} \cdot \left(\frac{\omega_2}{\omega_1}\right)^{\alpha_{2j}} \cdot VA_j \qquad (3\text{-}39)$$

企业 j 的劳动技术系数为:

$$b_{1j}(\omega) = \alpha_{1j} \cdot \left(\frac{\omega_2}{\omega_1}\right)^{\alpha_{2j}} \qquad (3\text{-}40)$$

通过类似的计算,同样可以得到资本 ($k=2$) 的条件需求和资本要素的技术系数。在式 (3-25) 所给定的产出水平 Y 下,根据与价格相关的劳动力、资本系数以及单位增加值需求,进而可以求得要素需求。给定任意的产出水平向量 Y,中间需求依赖于投入—产出矩阵 A,并可以通过 $A \cdot Y$ 计算出来。这就实现了对经济需求方面的完整描述。

在供给方面,每种要素的总禀赋决定了企业对生产要素的可用性,企业将会自动地调整他们的产出,以满足消费者的需求以及企业的中间需求。当所有的需求和供给函数确定后,我们可以清楚地写出式 (3-27) 中的均衡条件 (i) 和 (ii),对于条件 (iii),零利润条件,可以令式 (3-38) 中的 $VA_j = 1$,再利用单位增加值的价格指数 $pva_j(\omega)$ 得到。完整的均衡系统包括 6 个方程 (2 个商品的均衡条件,2 个生产要素的均衡条件和 2 个价格—成本方程) 以及 6 个未知量 $(p_1, p_2, \omega_1, \omega_2, y_1, y_2)$,在本章附录 3.1 中会详细说明。

|3.5| 数值解

感兴趣的读者可以证明,求解上述简单经济的均衡方程,得到均衡产出水平和价格为:

$$\left(y_1^*, y_2^*\right) = (100, 100)$$

$$\left(p_1^*, p_2^*\right) = (1, 1)$$

$$\left(\omega_1^*, \omega_2^*\right) = (1, 1)$$

读者或许会非常好奇，所有的价格都恰好为1是否纯属巧合？答案是否定的，为了实现这个目的，我们谨慎地选择了描述初始禀赋、偏好和技术的系数和参数，当然这并不是必需的，但是当需要进行对比分析时，这样做会具有明显的优势，所有的均衡值均容易被记忆且方便使用。附录3.2提供一个 GAMS 编程代码例子，这使得我们可以对模型进行求解。[①]利用均衡分配 Y^* 和均衡价格 $\left(p^*, \omega^*\right)$，我们可以很容易计算出经济变量均衡值的有关信息。根据个人需求函数（3-36），我们得到个人总消费为：

$$CD^* = \sum_{i=1}^{2} p_i^* \cdot \sum_{h=1}^{2} c_{ih}\left(p^*, \omega^*\right) \tag{3-41}$$

由于本章模型中不包括政府或国外部门，并且没有投资活动发生，那么从支出角度来说，国内生产总值（Gross Domestic Product， GDP ）等于私人总消费，类似地，我们还可以计算对劳动力和资本要素的支出。劳动力和资本市场均衡保证了，消费者的收入是要素禀赋的市场价值，即：

$$W^* = \omega_1^* \cdot (e_{11} + e_{12})$$

$$\Pi^* = \omega_2^* \cdot (e_{21} + e_{22}) \tag{3-42}$$

从收入角度来讲，工资加上资本收入等于 GDP ，因此宏观经济核算中 $CD^* = W^* + \Pi^*$ 成立，这一点可以通过计算所有涉及的经济变量进行验证。根据微观经济变量均衡值我们还可以得到重要的宏观经济性质，在上述例子中，简单地表达为总消费等于总收入。需要强调的是，无论宏观经济多么复

---

① 为了便于检验，读者需要下载 GAMS 的试用版本(http://www.gams.com)并把它安装在选定的文件夹里，根据要求进行安装。接下来，保存或复制附录3.2中的文本作为文本文件，以自己喜欢的名称来命名（例如：simplecge. Gms）并准备运行，打开 GAMS ，下载命名好的文件并运行它。另外，读者首先要确保自己熟悉软件运行的方式。

杂，我们熟悉的所有宏观经济性质都可以通过微观经济基础数据获得。

给定均衡产出水平 Y^*，利用条件要素需求函数式（3-39）或式（3-40）中的技术系数，可以得到企业使用要素的信息，同时，将每个企业对每种技术的使用量进行分析，可以确认其为劳动密集型或资本密集型部门。

另外，这种经济中的每个经济主体——消费者或者企业，都是收入方或者支出方。消费者根据他们提供的要素得到报酬，同时也为购买企业的产品对企业进行支付。同样地，企业为消费者提供商品而得到收入，反过来这些收入又购买了生产计划需要的商品和服务，因而成为对其他企业和消费者的支出。这些收入和支出的信息很容易收集到，并可以通过会计中的复式列表法简单地表示出来，其中，所有的支出出现在列上，所有的收入出现在行上。尽管我们仅考虑了两类经济主体——消费者和企业，也把支出（和收入）分为3类。第一类是对企业的支出，这些支出来源于其他的企业或消费者；第二类是企业对生产要素——劳动力和资本的支出，要素并不是经济主体，但要素的收入将会根据他们的禀赋值被分配给消费者；第三类也是最后一类，是对消费者的支出。在实际生活中，企业需要支付一些给消费者，因为他们为企业提供了可以直接使用的要素服务，但是，在我们的表示中，这些支出首先进入要素支出类别，然后再被分配给消费者，在这种意义上，要素起到了中间媒介的作用，因为它更生动地描绘了收支流。

表3-1显示，对于2个消费者、2个企业（两种商品，每个企业对应一种商品）和2种要素，通过一个 6×6 的矩阵，可以表示他们之间所有的交易。利用模型中的要素分配、价格、行为和技术之间的关系，可以计算所有的支出和收入，并在表3-1中表示出来。在文献中，这些类似于表3-1的表格称为社会核算矩阵 SAM（Stone and Brown, 1962; Pyatt and Round, 1985;

表3-1　　　　　　　　　　　　　社会核算矩阵

		1	2	3	4	5	6	总计
1	企业1	20	50	0	0	15	15	100
2	企业2	30	25	0	0	35	10	100
3	要素1	40	10	0	0	0	0	50
4	要素2	10	15	0	0	0	0	25
5	消费者1	0	0	30	20	0	0	50
6	消费者2	0	0	20	5	0	0	25
总计		100	100	50	25	50	25	

Pyatt，1988）。6×6 的 SAM 矩阵中的具体元素，例如，$SAM(i,j)$ 位于 SAM 矩阵的第 i 行和第 j 列。在 SAM 矩阵中每一项或者其中每一类称为是一个"账户"，因此，SAM 矩阵有 6 个账户。为了更好地认识它们，我们重新索引这 6 个账户：企业被标记为账户 '1' 和 '2'，要素被标记为账户 '3' 和 '4'，消费者被标记为账户 '5' 和 '6'。现在我们需要明确 SAM 矩阵中非零数值蕴含的代数关系，其中这些关系表示实际交易，以企业（'1'，'2'）对企业（'1'，'2'）的支出为例，可以认为它们的形式如下：

$$SAM(1,1) = p_1^* \cdot a_{11} \cdot y_1^*$$
$$SAM(1,2) = p_1^* \cdot a_{12} \cdot y_2^*$$
$$SAM(2,1) = p_2^* \cdot a_{21} \cdot y_1^*$$
$$SAM(2,2) = p_2^* \cdot a_{22} \cdot y_2^*$$

企业需要对向他们提供中间投入的其他企业进行支付，例如，SAM（1，2）表示均衡条件下，企业 '2' 使用企业 '1' 提供的中间商品（即 $a_{12} \cdot y_2^*$）来进行企业 '2' 的生产（即 y_2^*）时，企业 '2' 对企业 '1' 的支付总额。

类似地，消费者（'5'，'6'）由于获得最终商品向企业（'1'，'2'）的支付为：

$$SAM(1,5) = p_1^* \cdot c_{11}(p^*, \omega^*) = p_1^* \cdot \beta_{11} \cdot \frac{\omega_1^* \cdot e_{11} + \omega_2^* \cdot e_{21}}{p_1^*}$$

$$= \beta_{11} \cdot (\omega_1^* \cdot e_{11} + \omega_2^* \cdot e_{21})$$

$$SAM(1,6) = p_1^* \cdot c_{12}(p^*, \omega^*) = p_1^* \cdot \beta_{12} \cdot \frac{\omega_1^* \cdot e_{12} + \omega_2^* \cdot e_{22}}{p_1^*}$$

$$= \beta_{12} \cdot (\omega_1^* \cdot e_{12} + \omega_2^* \cdot e_{22})$$

$$SAM(2,5) = p_2^* \cdot c_{21}(p^*, \omega^*) = p_2^* \cdot \beta_{21} \cdot \frac{\omega_1^* \cdot e_{11} + \omega_2^* \cdot e_{21}}{p_2^*}$$

$$= \beta_{21} \cdot (\omega_1^* \cdot e_{11} + \omega_2^* \cdot e_{21})$$

$$SAM(2,6) = p_2^* \cdot c_{22}(p^*, \omega^*) = p_2^* \cdot \beta_{22} \cdot \frac{\omega_1^* \cdot e_{12} + \omega_2^* \cdot e_{22}}{p_2^*}$$

$$= \beta_{22} \cdot (\omega_1^* \cdot e_{12} + \omega_2^* \cdot e_{22})$$

反过来，企业（'1'，'2'）需要使用要素（'3'，'4'）来进行生产，他们的支出为：

$$SAM(3,1) = \omega_1^* \cdot b_{11}(\omega^*) \cdot v_1 \cdot y_1^*$$

$$SAM(4,1) = c\omega_2^* \cdot b_{21}(\omega^*) \cdot v_1 \cdot y_1^*$$

$$SAM(3,2) = \omega_1^* \cdot b_{12}(\omega^*) \cdot v_2 \cdot y_2^*$$

$$SAM(4,2) = \omega_2^* \cdot b_{22}(\omega^*) \cdot v_2 \cdot y_2^*$$

例如，如果我们观察 SAM（3，2），可以发现当企业'2'的产出水平为 y_2^* 时，则增加值水平为 $v_2 \cdot y_2^*$，考虑这个增加值数量应用的劳动技术系数 $b_{12}(\omega^*)$，就可以得到生产 y_2^* 所需要的劳动投入。因此，在均衡工资率 ω_1^* 水平上，劳动投入的价值就是劳动力要素收入，这种价值体现在 SAM（3，2）。

最后是消费者（'5'，'6'）对要素（'3'，'4'）的支出，事实上，消费者拥有生产要素，他们通过向企业出售这些要素得到报酬，我们通过两个要素账户来表达上述过程：

$$SAM(3,5) = \omega_1^* \cdot e_{11}$$
$$SAM(3,6) = \omega_1^* \cdot e_{12}$$
$$SAM(4,5) = \omega_2^* \cdot e_{21}$$
$$SAM(4,6) = \omega_2^* \cdot e_{22}$$

SAM 的其他元素是0，因为相应的行和列之间没有交易。

我们可以采用下面两种方式来理解如表3-1所示的 SAM 。首先，给定简单经济的结构，如偏好和技术，并选择合适的效用参数、生产系数和禀赋值，SAM 表明了所有交易的均衡值，这是数值 SAM ；其次，也存在符号 SAM ，它表示一些经济中所有可能的相关均衡，简单经济模型就属于这种类型。此外，符号 SAM 不仅更一般性地描述了当前均衡，而且更好地描述了反事实的均衡，通过修改系数我们可以构造这些均衡。

根据模型的 SAM 引发了下面一个有趣的问题：我们能否返回验证？换句话说，我们是否可以利用表3-1所示的 SAM ，构造一个和给定数据结构相一致的模型？这就是著名的校准问题，在第6章我们将会深入研究。

| 3.6 | 本章小结

通过本章的学习，读者知道了如何构造简单经济的一般均衡模型，如含有2个企业和2种商品、2个家庭以及2种要素的简单经济。首先通过描述消费者偏好和企业技术可能性，可以得到商品和服务供求函数的完整概述。反过来，这些函数决定了经济系统的均衡，均衡解保证了所有商品和服务市场是出清的。给定价格和产出的均衡值，我们得到有关经济的完整或部分信息，并且消费者、企业和要素之间的交易关系可以通过社会核算矩阵（SAM）详细表示出来。整体经济可以通过微观经济变量值构造，同时它们也满足国民收入与产出账户的规定。一些经济学家致力于研究最基本层次——个体层次发生的变化所引起的总体反应，那么有关整体经济的信息也为他们提供了有价值的信息来源。

微观和宏观经济信息的可得性，使得一般均衡数值分析相对于局部均衡分析和宏观模型都具有明显优势。

问题与练习

1. 对柯布道格拉斯消费者的效用函数进行求导，得到需求函数。（容易）

2. 对常替代弹性（Constant Elasticity of Substitution，CES）效用函数求练习1中同样的问题，CES效用函数和生产函数的形式定义可查看 Varian (1992)。（中等难度）

3. 对柯布道格拉斯形式要素集合的增加值函数求导得到增加值价格指数。（容易）

4. 求 CES 形式的增加值价格指数（求练习3中同样的问题）。（中等难度）

5. 假设生产技术允许中间投入和生产要素之间存在柯布道格拉斯替代，并进一步假设增加值和复合的中间商品按一定的比例相结合来进行生产，请求出成本函数并说明如何得到可变的投入—产出系数矩阵 A。（较难，提示：利用谢泼德引理）

6. 假定增加值和复合中间商品是柯布道格拉斯替代的，进行问题5中同样的练习。

7. 证明本章中瓦尔拉斯定律实际上的形式为：

$$p \cdot \left[CD(p,\omega) - (I - A) \cdot Y \right] + \omega \cdot \left[Z(\omega, y) - S(p, \omega) \right] = 0$$

将上述向量形式的表达式展开，其具体形式为：

$$\sum_{i=1}^{N} p_i \cdot \left(c_{ih}(p,\omega) + \sum_{j=1}^{N} a_{ji} \cdot y_j - y_i \right)$$

$$+ \sum_{k=1}^{K} \omega_k \cdot \left(\sum_{j=1}^{N} b_{kj}(\omega) \cdot v_j \cdot y_j + \sum_{h=1}^{H} x_{kh}(p,\omega) - \sum_{h=1}^{H} e_{kh} \right) = 0$$

（中等难度，提示：首先写下家庭预算约束，并明确这是私有经济，尽管CRS假设会使利润为零……进行一些代数处理并具备一定的耐心就可以解决这个问题。）

|附录3.1| 一般均衡例子的详细方程

1.两种商品的市场均衡

商品1：

$$c_{11}(p,\omega) + c_{12}(p,\omega) + a_{11} \cdot y_1 + a_{12} \cdot y_2 = y_1$$

方程的左边包括家庭 $h=1,2$ 对商品1的最终使用需求以及企业 $j=1,2$ 对商品1的中间使用需求，右边则是商品1的供给。

类似地，商品2：

$$c_{21}(p,\omega) + c_{22}(p,\omega) + a_{21} \cdot y_1 + a_{22} \cdot y_2 = y_2$$

家庭的需求是柯布道格拉斯类型的：

$$c_{ih} = \beta_{ih} \cdot \frac{\omega_1 \cdot e_{1h} + \omega_2 \cdot e_{2h}}{p_i} \qquad i=1,2 , \quad h=1,2$$

2.两种要素的市场均衡

要素1：

$$b_{11}(\omega) \cdot v_1 \cdot y_1 + b_{12}(\omega) \cdot v_2 \cdot y_2 = e_{11} + e_{12}$$

方程的左边是企业 $j=1,2$ 对要素 $k=1$ 的需求，右边是家庭 $h=1,2$ 对要

素 $k = 1$ 的供给。

同理，要素2：

$$b_{21}(\omega) \cdot v_1 \cdot y_1 + b_{22}(\omega) \cdot v_2 \cdot y_2 = e_{21} + e_{22}$$

其中，技术系数 $b_{kj}(\omega)$ 可以根据柯布道格拉斯生产函数得到：

$$b_{1j}(\omega) = \alpha_{1j} \cdot \left(\frac{\omega_2}{\omega_1}\right)^{\alpha_{2j}}$$

$$b_{2j}(\omega) = \alpha_{2j} \cdot \left(\frac{\omega_1}{\omega_2}\right)^{\alpha_{1j}}$$

3.两个企业的零利润条件为：

企业1：

$$p_1 = pva_1(\omega) \cdot v_1 + p_1 \cdot a_{11} + p_2 \cdot a_{21}$$

企业2：

$$p_2 = pva_2(\omega) \cdot v_2 + p_1 \cdot a_{12} + p_2 \cdot a_{22}$$

这里，企业 $j = 1,2$ 的最优增加值价格指数也为柯布道格拉斯形式：

$$pva_j(\omega) = C_j(\omega, 1) = \omega_1^{\alpha_{1j}} \cdot \omega_2^{\alpha_{2j}}$$

基于上述模型，首先，读者应能确定上面方程中所有系数的数值（例如 v_j 的值），实际上，可以将所有的系数和参数与它们的数值一起列出。其次，要保证能够把每个方程和本章正文部分出现的数值项对应起来。最后，模型系统包括6个方程和6个未知量 $(p_1, p_2, y_1, y_2, \omega_1, \omega_2)$，一定要记住瓦尔斯定律，其中的一个方程是多余的，可以被省略，需要首先固定一个未知量（即价格基准）来求解系统。读者可以验证本章3.5节中给出的数值确实能够求解方程系统。

附录3.2 求解简单一般均衡模型的GAMS代码

```
$TITLE SIMPLE GENERAL EQUILIBRIUM MODEL: CHAPTER 3
SET I goods /1*2/;
SET K factors /1*2/;
SET H households /1*2/;
ALIAS (J,I);

TABLE E(K,H) endowments
        1     2
1      30    20
2      20     5;

TABLE BETA(I,H) CD utility coefficients
        1     2
1      0.3   0.6
2      0.7   0.4;

TABLE A(I,J) input-output coefficients
        1     2
1      0.2   0.5
2      0.3   0.25;

TABLE ALPHA(K,I) production function coefficients
        1     2
1      0.8   0.4
2      0.2   0.6;

PARAMETER V(I) value-added coefficients
/1     0.5
 2     0.25/;

VARIABLES
Z          maximizing dummy
P(I)       prices for goods
W(K)       prices for factors
Y(I)       total output
PVA(I)     price of value-added
B(K,I)     flexible factor coefficients
C(I,H)     individual demand for final consumption
CD(I)      aggregate demand for final consumption
X(K,I)     firms factor demand
XD(K)      aggregate factor demand;

EQUATIONS
VAPRICE(i)        price index for value added
PRICES(I)         price formation
DEMAND(I)         total demand for goods
HOUSDEM(I,H)      households demand for goods
LAB(I)            variable coefficient for labor
CAP(I)            variable coefficient for capital
ZDFAC(K,I)        firms demand for factors
ZFACDEM(K)        total demand for factors
EQGOODS(I)        equilibrium for goods
EQFACTORS(K)      equilibrium for factors
MAXIMAND          auxiliar objective function;
VAPRICE(I)..      PVA(I) =E= PROD(K, W(K)**ALPHA(K,I)) ;
PRICES(I)..       P(I) =E= PVA(I)*V(I)+SUM(J,P(J)*A(J,I));
DEMAND(I)..       CD(I) =E= SUM(H, C(I,H));
HOUSDEM(I,H)..    C(I,H) =E= BETA(I,H)*SUM(K, W(K)*E(K,H))/P(I);
LAB(I)..          B('1',I) =E= ALPHA('1',I)*(W('2')/W('1'))**ALPHA('2',I) ;
CAP(I)..          B('2',I) =E= ALPHA('2',I)*(W('1')/W('2'))**ALPHA('1',I) ;
ZDFAC(K,I)..      X(K,I) =E= B(K,I)*V(I)*Y(I);
ZFACDEM(K)..      XD(K) =E= SUM(I, X(K,I));
EQGOODS(I)..      Y(I) =E= CD(I) + SUM(J, A(I,J)*Y(J));
EQFACTORS(K)..    XD(K) =E= SUM(H, E(K,H));
MAXIMAND..        Z =E= 1;

MODEL SIMPLECGE /ALL/;

SCALAR LB lowerbound /1E-4/;
P.LO(I)=LB;  Y.LO(I)=LB;  W.LO(K)=LB;  PVA.LO(I)=LB;  C.LO(I,H)=LB;  B.LO(K,I)=LB;
X.LO(K,I)=LB;
W.FX('1') = 1;

SOLVE SIMPLECGE MAXIMIZING Z USING NLP;

DISPLAY P.L, Y.L, W.L, XD.L, CD.L;
```

第 4 章

含有政府部门的一般均衡模型

    本章将前面章节介绍的简单模型调整为包含政府部门的模型。在实际建模时，如果想要保持模型简洁、易处理，那么尽量简化政府进行的一系列经济活动是非常必要的。因此，本章仅考虑政府做出两种基本的决策，第一个关于税收的水平和结构，第二个是关于政府的支出和转移支付问题。税收将会影响消费者的消费计划和生产者的生产计划，这是因为政府可以通过间接税改变商品的价格，并通过间接税和直接税改变他们的可支配收入。另一方面，政府支出以两种方式改变企业面对的最终需求，一是政府对商品和服务的直接购买，二是政府通过转移支付导致消费者的引致需求发生变化。在具有固定资产的经济中，政府活动将会发挥很明显的再分配作用。政府先从私营部门中获得收入，然后再以不同的组合放回经济系统中，无论这些活动是否有利于提高福利，它们都是可计算一般均衡模型关注的问题。

    本章首先通过引入间接销项税，开始对政府活动进行分析，这些间接销项税收将会以一次性支付的形式全部返还给消费者；其次，将会考虑在基本模型的基础上加入要素使用税和收入税；最后，我们将会处理政府支出大于（或小于）税收等问题。

|4.1| 一次性转移支付的间接销项税

政府通过对企业的征税从私有部门获得收入。销项税可以采取以下几种形式：对交易单位数量征税，这时称为从量税；也可以是对交易价值的征税，这时称为从价税。无论哪种方式，税收都增加了企业商品的额外成本，并且将会反映在增加的生产成本价格上。由于从价销项税似乎比从量销项税更加普遍，本章将会重点研究从价销项税。假设政府征收的销项税总额以一次性转移支付的形式返还给消费者，这个简单的平衡预算可以使得我们暂时不考虑储蓄、投资和政府赤字等问题，上述问题在以后的章节中将会详细介绍。

令 τ_j 表示简单模型中企业 j 产出的从价销项税率，p 表示商品价格的总税收向量。因为从价销项税的存在，企业 $j = 1, 2, \ldots, N$ 的平均成本 ac_j 的形式为：

$$ac_j = \left(1 + \tau_j\right) \cdot \left(v_j \cdot \sum_{k=1}^{K} \omega_k \cdot b_{kj}(\omega) + \sum_{i=1}^{N} p_i \cdot a_{ij} \right) \tag{4-1}$$

如果 $\tau_j = 0$，则式（4-1）还原为第3章讲述的标准平均成本模型，商品价格仍然满足 $p_j = ac_j$。政府征收的销项税总量用 T 表示，税收总额 T 以一次性支付的形式返还到消费者手中（δ_h 之和为1），消费者 h 的预算约束变为：

$$\sum_{i=1}^{N} p_i \cdot c_{ih} = \sum_{k=1}^{K} \omega_k \cdot e_{kh} + \delta_h \cdot T \tag{4-2}$$

其中，消费者只有消费商品才能产生效用。求解效用最大化问题，可以得到消费者h的需求函数。与之前类似，需求函数不仅与 p、ω 有关，而且与消费者得到的一次性支付返回值 $\delta_h \cdot T$ 有关。当然，这个返回值需要根据企业面对的价格及其产出水平确定。因此，与其他一般均衡模型一样，这是一个同步性或同时决定的问题。例如，消费者需要知道商品和要素的价格以确定他们的消费需求，同时他们的需求也会决定他们最终面对的价格。以价格为参数对消费者需求进行参数化建模，然后再求解联立方程系统的价格均衡方程，可以求得这一问题的解。类似地，消费者需要知道政府的一次性转移支付数值来确定他们的需求，但是，他们的消费需求将会影响产出水平、价格和税收 T。一个新的未知量需要引入一个新的独立方程来保证均衡系统解的存在性，这时，我们引入政府收入函数，它可以清楚地解释政府收入的来源：

$$R(p,\omega,Y) = \sum_{j=1}^{N} \tau_j \cdot \left(v_j \cdot \sum_{k=1}^{K} \omega_k \cdot b_{kj}(\omega) + \sum_{i=1}^{N} p_i \cdot a_{ij} \right) \cdot y_j \qquad (4-3)$$

具有销项税的均衡将会以产出水平向量 Y^*、一系列的价格 (p^*,ω^*) 和税收水平 T^* 为特征，并且有式（4-4）成立：

(i) $\quad Y^* = TD\left(p^*,\omega^*,T^*,Y^*\right) = CD\left(p^*,\omega^*,T^*\right) + A \cdot Y^*$

(ii) $\quad S\left(p^*,\omega^*,T^*\right) = Z\left(\omega^*,Y^*\right)$

(iii) $\quad p^* = \left(pva\left(\omega^*\right) \cdot V^* + p^* \cdot A\right) \cdot \Gamma$ $\qquad\qquad (4-4)$

(iv) $\quad R\left(p^*,\omega^*,Y^*;\tau\right) = T^*$

其中，Γ 为对角矩阵，其中的元素为 $1+\tau_j$；(iv) 中符号"τ"表示税率向量，τ 对式（iv）的结构有直接影响。另外，τ 在（iii）中的作用是明显的，税率作为元素隐含在矩阵 Γ 中。然而，税率 τ 在（i）和（ii）中的直接作用并不明显，因此，τ 并未在两式中体现[①]，其影响可以通过价格和产量的变化体出来。条件（i）—（iii）是式（3-27）的延伸，条件（iv）保证了转移支付总额等于总的政府收入。需要注意的是，通过消费需求 CD，条件（i）中的总需求 TD 也依赖于一次性转移支付 T。要素供给 S 或许也是关于 T 的函数，这取决于要素使用能否产生效用，如果消费者不能从要素的

---

① 商品和要素的价格实际上会受到销项税的影响，但并不是以一种直接改变企业和消费者最优化问题的方式出现的。

使用中得到效用，那么他们的禀赋供给就会是无弹性的，S 对 T 的依赖关系就可以被忽略。另外，要素需求和 T 无关，因为最优的要素组合仅仅与要素相对价格有关。[①]

为了得到如式（4-4）所示的形式，目前的均衡系统包括 $N+K+N+1$ 个方程和相同数量的变量——N 个产出值，K 个要素价格，N 个商品价格和税收 T。消费者的需求函数是价格 (p,ω) 和转移支付 T 的零次齐次函数，因此，只有相对价格起作用。另外，对任意的价格向量 (p,ω) 和转移支付 T，瓦尔拉斯定律的变形式（4-5）都成立：

$$p\cdot\left[CD(p,\omega)-(I-A)\cdot y\right]+\omega\cdot\left[Z(\omega,y)-S(p,\omega)\right]=T \tag{4-5}$$

因此，均衡系统（4-4）最多能够确定 $N+K-1$ 个价格，那么就需要另外一个条件来确定价格水平，与前面类似，任意价格标准都可以。类似于第3章的处理方法，问题的维数可以被降低，省略具体的细节，可以推导出的要素价格和产出的表达式为：

$$\begin{aligned} p(\omega)&=pva(\omega)\cdot V\cdot\Gamma\cdot(I-A\cdot\Gamma)^{-1}\\ Y(\omega,T)&=(I-A)^{-1}\cdot CD\big(p(\omega),\omega,T\big) \end{aligned} \tag{4-6}$$

将式（4-6）代入表达式（4-4）中的条件（iii），就可以把要素市场的均衡条件降维至 K 个方程，并具有 $K+1$ 个未知量，即 K 个要素价格和 T。基于条件（iii）和推导出的政府收入函数形式，可以得到具有 $K+1$ 个方程和 $K+1$ 个变量的系统：

$$\begin{aligned} S\big(p(\omega),\omega,T\big)&=Z\big(\omega,Y(\omega)\big)\\ R\big(p(\omega),\omega,Y(\omega)\big)&=T \end{aligned} \tag{4-7}$$

事实上，根据瓦尔拉斯定律，只有 K 个方程是相互独立的，因此需要

---

① 消费者转移支付的影响可以通过产出水平 Y 体现出来，但并不是以直接的方式体现出来。

利用一个标准化方程外生地确定价格的测量单位。系统（4-7）比系统（4-4）具有更低的维数，因此，在一些计算方面具有明显的优势。

4.1.1 销项税的微观影响：一个实例

现在我们仍然采用3.4节中的简单模型来评估间接销项税的一般均衡影响。我们首先从常见的两部门从价销项税 τ 和对消费者的一次性转移支付开始分析，其中，非负的权重向量为 $\delta = (\delta_1, \delta_2, ..., \delta_H)$，且 $\sum_{h=1}^{H} \delta_H = 1$。税率 τ 和权重 δ 定义了政府的政策向量，那么问题在于，对于任意形式的政策参数，均衡是否总是存在的？根据式（4-6），对任意给定的要素价格 ω，投入—产出矩阵的生产性特征并不足以保证商品价格 p 总是非负的。实际上，价格非负的必要条件是矩阵积 $A \cdot \Gamma$ 是生产性的，但是，如果税率 τ 足够大，这个条件可能不成立。[①]通过把税率限定在合理的范围内，就可以避免这个问题。实际上，这就给读者提出一个建议，在政策分析时，"合理"是一个定义非常广泛的概念，但同时也是一个非常实际的问题，我们所处理的问题其本身的特征通常给我们提供了充分的见解，以选择可行的数值。

假设政府决定税率 τ 为10%，并同时考虑3种可行的再分配方案：第一种把所有的税收分配给消费者1；第二种把税收平均分配给消费者1和2；第三种把所有的政府收入分配给消费者2。我们求解税收模型，并把三种方案对应的价格和产出的均衡解，以及得到的一些关于福利、资源分配和税收的均衡解数值列于表4-1中。从左至右，每一列对应着消费者1在政府转移支付总值的更小份额。表4-1的作用主要体现在两个方面：一方面，可以作为实例来说明怎样读懂特定的仿真结果；另一方面，其为我们提供了数值一般均衡分析中常见且广泛的研究背景介绍。

---

① 因为我们需要给出相关非负特征值的上界和下界。

表4-1 　　　　　　　　　　　销项税的一般均衡影响

（所有部门的税率 $\tau = 10\%$ ，再分配系数分别为 $\delta_1 = 1$ ；0.5；0）

	$\delta_1 = 1$	$\delta_1 = 0.5$	$\delta_1 = 0$
价格			
p_1	1.277	1.269	1.261
p_2	1.350	1.339	1.329
ω_1	1.000	1.000	1.000
ω_2	1.007	0.985	0.964
产出			
y_1	0.995	1.010	1.025
y_2	1.009	0.979	0.950
效用变动百分比			
Δu_1	11.60	−6.67	−24.66
Δu_2	−23.31	13.24	49.19
要素分配			
部门1			
x_{11}	39.867	40.297	40.712
x_{21}	9.901	10.226	10.554
部门2			
x_{12}	10.133	9.703	9.288
x_{22}	15.099	14.774	14.466
税收收入			
R	23.939	23.579	23.228

为了评价销项税的影响，并为3种可行政策方案的比较提供参考，上述表格是非常有用的。因此，没有引入政策时的均衡解实际上是一个很好的"参照物"，这个均衡通常被称为基准均衡。相反，政策方案作用下的均衡解是"反事实"均衡，或者更简单地称为仿真，因为它们指的是政策实施后可能出现的均衡。在对基准和反事实均衡进行比较时，读者需要一些提示以防止对数据的误解。首先，价格是以选定的价格基准或参考价值单位来表示

的，在我们的例子中劳动力 $\omega_1 = 1$ 为基准价格。正如本书第 2 章所讨论的，一般均衡分析并不能给出绝对价格水平，只能计算相对价格，因此只有通过选定标准的测量单位，才能够得到所有价格的数值。当我们对仿真价格和基准价格进行比较时，要牢记所有的价格都是标准化的，其变化总是和价格基准有关。读者或许会认为，以表 4-1 的第 1 列为例，第 1 个部门生产的商品价格是不是上升了 27.7%，因为它的原始值为 1.000，现在政策作用下的值为 1.277。这可能是一个有误导性的解释，因为模型并没有告诉我们表中第 1 列对应的政策向量导致的劳动力价格变化。我们只能说明的是，在基准情况下，1 单位商品 1 可以购买 1 单位劳动力，但是在反事实均衡中，1 单位商品 1 可以购买 1.277 单位劳动力。反之，购买 1 单位劳动力只需要 1/1.277 单位的商品 1，换句话说，相对于商品 1 而言劳动力变得更廉价。

另外，对于价格的解释取决于它们是总税收价格还是净税收价格。式 (4-1) 所示的形式对应于包含税收的价格，但也可以同样有效地表示净税收价格，如何选择取决于建模者，但是解释应该与此前的约定相一致。在美国，价格标签是净税收价格，销售税被另外附加在价格上。然而，在欧洲，价格标签通常已经包含税收。当然，这些政策的制定，对销项税的一般均衡没有影响，在某些情况下，同一个模型中的一些价格被设定为总税收价格，然而另一些价格被设定为净税收价格。

对于同样的间接税率，我们可以观察到，在所有情况下，相对于劳动力价格，商品价格变得更高，但是当政府从消费者 1（根据基准名义收入来说是"富有"的人；见第 3 章表 3-1 所示的 *SAM* ）到消费者 2（"贫穷"的人）进行转移支付时，商品价格上升的少一些。类似地，当所有的转移支付被分配到"富有"的消费者时，资本的价格相对于劳动力的价格会上升，但是，当所有的转移支付被分配给"贫穷"的消费者时，情况则恰恰相反。

通过将反事实均衡值除以对应的基准均衡值，就可以用指数的形式来表示均衡产出水平，该处理方法简化了结果的表示，并使得计算产出水平变化的百分比更容易。相应地，产出的基准值被设为1。例如，根据表4–1第1列对应的政策向量，部门1的产出水平下降0.5%，而部门2的产出水平上升0.9%。因为转移支付被移动到消费者2，则生产活动水平出现了逆转变化：第1个部门的产出增加，而第2个部门的产出减少。这里我们需要回忆一个很重要的结论：只要考虑产出结构，再分配政策就不是中立的。

虽然价格和产出水平基本上构成了对均衡解的完整描述，但是表4–1还报告了一些其他的信息。例如，还提供了有关销项税影响的其他有价值信息，这些影响可以利用效用函数、要素需求函数和政府收入函数的价格和产出均衡值计算出来。

福利的变化说明了再分配政策对消费者效用的影响。当企业面临变化的相对要素价格和产出水平时，生产部门对劳动力和资本的分配就体现了企业对要素需求的调整。最后，税收一行还显示了3种制度下的政府税收。

具体而言，福利向我们预期的方向变化。当所有的政府税收被转移到消费者1时，这个消费者的效用增加了11.6%。然而，当转移支付值仅为税收总量的50%时，这个消费者的效用降低了6.67%。商品价格相对于要素价格的增加，会导致实际收入的降低，消费者从政府得到的转移支付收入不足以补偿降低的实际收入。类似地，我们可以对称地分析消费者2。

要素分配的结果十分有趣，从表4–1中第1列可以得出，资本相对于劳动力变得越来越昂贵，相对于 $\omega_1 = 1$，$\omega_2 = 1.007$（第3列中的情况相反，$\omega_2 = 0.964$ 对应于 $\omega_1 = 1$）。对价格变化的迅速评价会使得我们错误地得出结论：企业将会以劳动力代替资本。事实上，部门 1 使用的劳动力和资本较少，部门 2 对这两种生产要素的使用都比较多。原因是，虽然存在要素替代，但是产出效应影响足以补偿替代效应。这是一个说明一般均衡分析优点和不足的典型例子，它比局部均衡分析提供给我们的信息更多，但是也需要更多的技巧来合理地分析及解释这些结果。从局部均衡的角度来说，模型可能会忽略销项税对要素价格或产出水平的影响。尽管有影响，局部均衡模型也不能给出估计。幸运的是，一般均衡可以并且确实给出了答案。

表 4-1 的最后一列还说明了一个经常被政府管理者忽略的有趣现象：总税收不仅依赖于税率 τ，还和价格 p, ω 以及产出 Y 有关。随着转移支付系数 δ_1 的下降，商品价格和要素价格相对于价格基准都下降了。另一方面，由于两个生产部门大致有相同的经济规模（见表 3-1 所示的 SAM），部门 1 总产出水平的上升不足以弥补部门 2 总产出水平的下降，故当 δ_1 下降时，税收也会下降。因此，即使间接税率是给定的，对于政府收入而言，政府采取的转移支付政策也不是中立的。当然，本例中的税收变化并不大，但是一些不被重视的或有时候直接被忽略的信息对政府所采取的政策是有影响的：间接税收不仅和税率有关，也和交易值有关，当然交易值会受到税收的影响。

4.1.2　销项税的总影响

税收对资源分配影响的说明通常包含对主要宏观经济指标的描述，这些指标是根据微观经济结果加总构造的。表 4-2 给出了与表 4-1 相同的 3 种情形下的宏观指标变动，表中数值均是以价格基准为计量单位的，百分比的使用则是为了说明收入在劳动力和资本之间分配比例的变化。

在 3 种政策情形下，销项税对名义国内生产总值（GDP）产生了直接促进作用。一方面，当所有的转移支付被分配给消费者 1 时，以基准价格衡

表 4-2

宏观经济指标

（所有部门的税率 $\tau = 10\%$，再分配系数分别为 $\delta_1 = 1$；0.5；0）

	基准	$\delta_1 = 1$	$\delta_1 = 0.5$	$\delta_1 = 0$
GDP（收入）	75.00	99.11	98.21	97.34
工资	50.00	50.00	50.00	50.00
净收入占比(%)	（66.66%）	（66.52%）	（67.00%）	（67.47%）
资本收入	25.00	25.17	24.63	24.11
净收入占比(%)	（33.3%）	（33.48%）	（33.00%）	（33.53%）
间接税	0.00	23.94	23.58	23.23
GDP（支出）	75.00	99.11	98.21	97.34

量的 *GDP*（不包括间接税）上升，但是随着消费者1在政府转移支付中比例的下降，*GDP* 也会下降。由于除了个人最终消费外，没有其他最终需求，因此，以市场价格衡量的 *GDP* 和总消费是相等的。我们也可以看到，*GDP* 等于生产要素总收入加上间接税，这个等式的成立也说明，一般均衡模型可以正确地解释生产者、消费者以及政府部门之间的物质和价值流动，此模型具有检查宏观经济等式的能力，这对于检测模型的设定偏误以及任何账户的遗漏都有很大帮助。

需要注意的是，读者容易误解一般均衡模型中的数据。在本例中，均衡解实际上是，当不存在政府或存在一个不活跃的政府时，对于给定的一系列结构参数（偏好和技术参数），基准数据对应一般均衡模型的解。但是，在实际应用中，基准数据对应特定时期内的观测数据，基准 *GDP* 或与此相关的私人消费以及任意其他的宏观变量，都是以现价货币单位进行测度的。与之相对，在模型仿真运行中得到的宏观数据是以价格基准表示的，如果我们把基准价格变为2倍，这时所有宏观经济变量名义值都变成原来的2倍，事实上，从微观经济视角来看，这种价格变化却没有任何影响。根据一般均衡理论分析可知，相对价格和产出水平都不会受到影响。为了避免这种不便，我们将宏观经济变量表示为 GDP 的百分比，这些比值就不会随着选定的价格基准的变化而变化，因此，部分地解决了这个问题。在税收或其他相关政策改变时，这种选择也为我们提供了总产出组成成分变化方面的信息。另外，如果我们希望评估政策的数量效应，则需要一些数量指数，一种常见的方法就是利用拉氏指数来测量实际 GDP 的数量变化或其他宏观变量的数量变化。

在本例中，耐心的读者可以验证在基准模型的仿真中，实际 GDP 的拉氏指数基本保持不变。但传统的方法（局部均衡分析）证明了销项税对净产出值具有负向影响。对于这个看起来令人意外的解释可以追溯到要素市场，其中假定劳动力和资本都被无弹性地供给并且假定充分就业，以及政府把所有的税收全部返回私有部门。虽然相对要素价格确实发生了改变，但是企业会相应地调整他们的最优要素组合，并且充分就业条件保证了在新均衡时劳动力和资本都是充分利用的，这就避免了未使用或未出售的资源导致消费者收入的下降。此外，由税收引起的消费者实际收入的预期下降，一般也可以通过政府对消费者的一次性转移支付得到补偿。总的来说，相反的影响被抵消，没有对实际净产出总值产生大的影响。与税收对净产出总值的零影响不同，销项税对各部门净产出却具有显著影响。读者可以以部门 1 的净产出作为练习来验证，对于政策情形 $\delta_1 = 1$，中间需求减少导致部门 1 的净产出水平会下降 2.79%，但是部门 2 则会上升 1.86%。在政策情形 $\delta_1 = 0$ 下，结果甚至会更显著。在宏观经济看似平静的外表下，存在着强大的资源分配推动力改变着消费模式、部门总产出、净产出以及效用水平。上述信息不能通过标准的宏观经济模型得到，因为宏观经济模型只能处理总量变量而忽略了资源分配问题。基于此，应用一般均衡分析或许是目前为止最为合适的方法，因为它提供了部门价格和产出方面的特定信息，并说明了福利、收入分配以及宏观视角的很多问题。

然而，仿真结果是基于一定的假设、行为和结构得到的，尤其是受到了"处于均衡值时，所有的资源都被充分利用"这个条件的限制。例如，由于销项税的影响，如果有一些可利用的资源是闲置的，那么得到的结果会完全不同。消费者收入的下降会导致上述情况出现，反过来，这又会使得最终需求以及总产出的下降，因而也降低了企业对生产要素的需求。失业是现代经济中出现的一个持续的且令人失望的问题，它太重要了以至于不能被忽略，而大部分的应用一般均衡分析却回避了这个十分重要的问题。一般均衡分析是市场出清的"自由王国"，但这不应该是搁置这个问题的借口。实际上，有很多种（或许不是完全令人满意）处理未利用资源的方式和方法，经济分析者应该考虑对基础微观理论的遵循、经验主义以及政策相关性之间的平衡，在下一章，我们将会继续讨论这个问题。

|4.2| 要素和收入税

生产要素也会被征收间接税，如果要素 k 使用的从价税率为 t_k，则使用单位要素 k 的成本会增加到 $\omega_k \cdot (1+t_k)$。要素税的一个典型例子就是企业缴纳的使用劳动力的社会保障税。一般情况下，对于 K 种生产要素以及税率 t_k 而言，部门 j 的平均成本为：

$$ac_j = v_j \cdot \sum_{k=1}^{K} \omega_k \cdot (1+t_k) \cdot b_{kj}(\omega;t) + \sum_{i=1}^{N} p_i \cdot a_{ij} \tag{4-8}$$

其中，$b_{kj}(\omega;t)$ 与要素税率有关，如果要素税只影响"劳动力"，则式（4-8）中的"资本使用"要素税为零。我们更倾向于使得式（4-8）是一个关于要素税的一般表达式，不管特定要素的税率是否为非零。价格等于成本仍然满足，即等式 $p_j = ac_j$ 再次成立。

我们现在来看收入税的建模，一种简单的方法是：假设消费者 h 的收入百分比 m_h 是应该支付给政府的。[①]消费者 h 的预算约束现在变为：

$$\sum_{i=1}^{N} p_i \cdot c_{ih} = (1 - m_h) \cdot \left(\sum_{k=1}^{K} \omega_k \cdot e_{kh} + \delta_h \cdot T \right) \tag{4-9}$$

其中，为了简单起见，我们假设只有商品 c_{ih} 的消费是产生效用的，需要注意的是，不论从要素收入角度还是从政府一次性转移收入的角度，消费者 h 的所有收入都是应该纳税的，这一点或许不适用于特定情况下各种类型的政府转移支付，但是，出于简单考虑，我们在这里不考虑这个问题。因此，政府税收包括两部分来源：企业支付的要素税和消费者支付的收入税，其税收函数表达式为：

$$R(p, \omega, Y, T; m, t) = \sum_{j=1}^{N} v_j \cdot y_j \sum_{k=1}^{K} t_k \cdot \omega_k \cdot b_{kj}(\omega; t) + \sum_{h=1}^{H} m_h \cdot \left(\sum_{k=1}^{K} \omega_k \cdot e_{kh} + \delta_h \cdot T \right) \tag{4-10}$$

在式（4-10）中，我们清楚地表示出了税收 R 与收入税率 m、要素税率 t 等税收政策向量之间的关系。同时也要注意，与式（4-3）所表示的税收函数不同的是，式（4-10）中的转移支付 T 存在争议，原因在于我们不能脱离消费者的转移支付水平而计算总收入，这类似于消费者对商品的需求也与转移支付 T 有关。

新的系统均衡方程包含收入税和要素税，可以归结为：

(i) $\quad Y^* = TD\left(p^*, \omega^*, T^*; m\right)$

(ii) $\quad S\left(p^*, \omega^*, T^*; m\right) = Z\left(\omega^*, Y^*; t\right)$

(iii) $\quad p^* = pva\left(\omega^*; t\right) \cdot V + p^* \cdot A$ $\qquad$ (4-11)

(iv) $\quad R\left(p^*, \omega^*, Y^*, T^*; m, t\right) = T^*$

[①] 收入税的建模比产出税或要素税的建模稍微复杂一些，产出税或要素税通常采取简单的税率形式，而收入税则需要根据不同国家的税收法律、不同的扣除额和一些免税的收入范围，进行充分考虑与计算。为了阐述方便，我们假设简单的个人税收方案中没有扣除额，并且具有相同的平均和边际税率。

类似于式（4-4），我们解释清楚了每种税收在每个方程中的作用，收入税率 m 改变了消费者的预算约束，因此其对商品和服务的消费需求（i 的右边项）以及要素供给（ii 的左边项）有直接影响。要素税改变了企业的最优化问题，因此它们出现在企业的要素需求（ii 的右边项）以及（iii）的价格方程中，其中 $pva(\omega;t)$ 表示包含要素税的增加值价格指数。

4.2.1　要素和收入税的影响：另一个例子

现在本书对简单模型在 3 种情况下求解：第 1 种情况下，政府征收 10% 的劳动税；第 2 种情况下，政府对两个消费者征收 20% 的收入税；最后一种情况比较特殊，我们寻找与 20% 的收入税率等价的劳动税率。在这里税收等价的意思是，可以替代收入税同时能得到相同价格基准下等量税收的要素税率。和原来一样，所有的政府税收都以一次性转移支付的形式全部返还给消费者。现在，在数值模拟中，我们令分配系数为 $\delta_1 = 0.5$，即税收由两个消费者平均获得，表 4-3 给出了价格、部门总产出指标、部门净产出指标的结果，其中，在福利和税收等条件下净产出指标和最终消费需求是一致的。如表 4-1 所示，税收对所有商品和要素价格产生了一般均衡影响，即各类价格中包含所有税收。由于价格基准也是劳动力净价格，可以认为，劳动力总价格受到了要素税的影响。

表 4-3　　要素税和收入税的一般均衡影响，再分配系数为 $\delta_1 = 0.5$

	$t_{1ab} = 10\%$	$m_h = 20\%$	$t_{1ab} = 37.42\%$
价格			
p_1	1.100	0.998	1.373
p_2	1.100	0.998	1.373
ω_1	1.100	1.000	1.374
ω_2	1.099	0.994	1.370
产出			

	$t_{1ab} = 10\%$	$m_h = 20\%$	$t_{1ab} = 37.42\%$
y_1	1.001	1.004	1.002
y_2	0.998	0.992	0.995
净产出			
$y_1 - \sum_j a_{1j} \cdot y_j$	1.005	1.025	1.014
$y_2 - \sum_j a_{2j} \cdot y_j$	0.997	0.983	0.991
效用变化(%)			
Δu_1	−0.92	−5.03	−2.74
Δu_2	1.83	10.05	5.49
税收			
R	5	18.713	18.173

工资税和要素税对相对价格影响甚微，因此，产出和福利的变化主要取决于收入效应。转移支付分配的平等主义是实际收入的平等。消费者1在三种情形下情况变得更差，比较第2列和第3列，可以发现税收中立手段实际上并不是福利中立的，这是一个经常被政府管理者忽略的问题。在本例中，37.4%的劳动税和20%收入税的价格基准单位大致是相同的，但是对于以效用来衡量的实际收入影响，两个消费者却是不同的。对消费者1来说，两种财政政策对其都是不利的，但是劳动税对福利的影响比收入税的影响更小，消费者2则相反。这些现象说明了探究不同财政政策对福利和再分配影响的必要性。最后，虽然实际GDP看似是保持不变的，但是也存在微小的却不能被忽略的部门再分配产出效应，如果我们观察净产出指标，即本例中的部门消费，这个问题是很显然的。

| 4.3 | 储蓄、投资和政府预算约束

4.3.1 具有平衡预算的政府活动

目前，我们设定的政府支出政策是非常简单的，政府以税收形式得到的所有收入，以一次性转移支付的形式全部返还给消费者，并且，对于一系列给定的税收工具，政府的唯一决策就是如何进行资源配置。因此，在简单模型中，政府的预算通常是平衡的，但是，也存在很多方式使得政府活动和这种简单的情形不一致。

政府可以免费向所有的私有部门提供公共品，或者像其他生产部门一样生产并出售商品，也可以将其部分预算用于公共工程和投资。对私有部门的转移支付不仅包括对消费者的转移支付，也可以以补贴和所得税减免形式对私营或国有企业进行转移支付。转移支付可以是一次性转移支付的形式，如福利支出，也可以是改进经济指标状况的形式，如失业救济金。基于所有的这些活动，政府可以选择采用非均衡的预算政策，支出比预算总收入少或者更有可能的是支出比预算总收入多。

只要政府的预算是平衡的，那么几乎所有的政府支出方式都可以根据目前简单的模型结构进行调整，这样小幅度修改的简单模型我们一直在使用。例如，市场化或准市场化商品的生产可以通过生产活动简单加总的方式合并。另外，政府提供的公共服务需要使用生产要素和中间商品，而通过设定公共品的新生产函数，这种活动则可以被包含在生产技术中。从现在开始，以便需要，本书采用 N 标记这种新生产活动。

对于转移支付，无论其是不变的还是可变的，它们都需要在消费者预算约束层面上谨慎设定。同时我们必须注意，设定失业救济金或政府投资等支出项目时，模型中应包含失业和投资问题。为了简化这个问题，我们以两种

方式来明确所有的政府支出。第一种方式是：所有的转移支付都给予私有部门，由于它们依赖于内生变量，以 $T(p,\omega,Y)$ 表示；第二种情况是：公共品的供应量为 E，则平衡预算约束意味着：

$$R(p,\omega,Y;\Im) = T(p,\omega,Y) + p_N \cdot E \qquad (4-12)$$

其中，$\Im$ 是可用的税收方式的组合，本例中的 $\Im = (\tau,t,m)$，p_N 是公共品价格。需要注意，总税收 R、转移支付 T 和价格 p_N 都是内生变量，它们的值是整体经济运行的结果。因此，式（4-12）中的平衡预算说明，公共品供应量 E 最后可以被唯一地确定，换言之，政府不能同时控制赤字和公共支出。例如，从内生税收 R 中扣除转移支付 T 后的剩余量都可以投入到公共支出。如果预算是均衡的，那么 E 的确定是为了满足或"闭合"式（4-12）的限制，如果政府希望从它的闭合值中改变 E，那么预算将不会是均衡的，并且接下来将会出现赤字或结余。

这似乎否定了政府决定他们支出模式的能力，但实际并非如此。如果在政府预算约束内确定一个固定转移支付 $\bar{T}$，则同时出现一些政府可自由支配的空间，只要可自由支配总值和均衡预算限制是相匹配的即可：

$$R(p,\omega,Y;\Im) = \bar{T} + T^e(p,\omega,Y) + p_N \cdot E \qquad (4-13)$$

在式（4-13）中，$T^e(p,\omega,Y)$ 表示可变的或与经济状况有关的转移支付，由于 R、T^e 和 p_N 都是内生的，因此，任何对 E 支出的决策将会自动地确定 $\bar{T}$，反之亦然。同样地，平衡预算约束以及 R、T^e 和 p_N 的内生性质，限制了公共部门可自由支配项目的范围和程度。

4.3.2 非均衡预算情形

当政府决定 E 的值及其组成部分时，R 和 T 的内生性破坏了式（4-12）和式（4-13）所示的收入和支出之间的对应性，政府的总支出和总收入不是完全吻合的。为了使这种相等关系重新出现，我们需要引入一个新的变量：

$$R(p,\omega,Y;\Im) = T(p,\omega,Y) + p_N \cdot E + D \tag{4-14}$$

从数学的角度而言，D 是一个自由松弛变量，它可以使得表达式的左边和右边相等。从经济学家的角度来说，D 是收入和支出之间的平衡项，当 $D > 0$ 时，政府的总收入大于总支出，我们可以认为政府出现结余或公共储蓄是正的；相反，当 $D < 0$ 时，政府出现赤字。

在用这种方法对政府的支出政策建模时有一定的自由度，如果 E 中的支出是给定的，那么式（4-14）表明模型中的结余或赤字可以内生地被确定。或者，如果政府实施均衡的预算限制，即 $D = 0$，则支出总值是内生变量，并且和式（4-14）是一致的。实际上，没有任何事情阻止 D 变为非零，且实际的模型一般有两种选择：支出水平是外生给定的，结余或赤字是内生的；或者 D 的值可以事先确定，则模型就产生了与选定的 D 相一致的支出内生值，换句话说，在允许的范围内，支出随着政府收入的变化而变动。此外，平衡预算方法仅是预算政策中可能的一种方法。

然而，更显而易见的是，D 的任意非零值都涉及简单模型的根本变化，当 E 是政府的决策变量时，D 的取值更有可能受到非零约束的限制。实际上，投资和储蓄之间著名的宏观经济等式说明：

$$I = S_v + D - F \tag{4-15}$$

其中，I 是投资总额，S_v 是个人储蓄，D 表示政府收入和支出之间的均衡，F 表示贸易平衡。简单模型对应没有个人储蓄或投资的闭合经济（即：$I = S_v = F = 0$），因此对于此前给定的简单模型结构，D 的任意非零值和式（4-15）是非一致的。因此，如果我们想要容纳有可能出现的非均衡预算，并保持经济模型的内部一致性，则需要在模型中明确地引入投资。

4.3.3 投资和储蓄

通常情况下，标准的新古典主义一般均衡模型都是静态的，另一方面，投资是一种动态现象，而动态和静态之间的结合并不是一个简单的问题。但是，如果我们超出教材中案例的背景限制，并使得一般均衡模型在有关问题的政策分析中发挥重要的作用，投资必须以某种方式出现在模型中。

对投资进行建模的一种方式就是把它作为一种额外的生产活动，其产出就是新增的资本，这种活动的性质可以采用技术系数的 N 维向量 $a_I = (a_{I1}, ..., a_{Ij}, ..., a_{IN})$ 进行描述，其中技术系数表示获得 1 单位投资商品所需要的其他不同商品投入。在规模报酬不变的条件下，设投资水平等于 λ_I，投资活动对商品 $j = 1, 2, ..., N$ 最终需求的贡献可以用下式来表示：

$$INV_j = \lambda_I \cdot a_{Ij} \tag{4-16}$$

其中，INV_j 表示对商品 j 的投资最终实物需求。因此，对于给定的投资技术 a_I，经济中总投资 I 的形式为：

$$I = \sum_{j=1}^{N} p_j \cdot INV_j = \sum_{j=1}^{N} p_j \cdot \lambda_I \cdot a_{Ij} = \lambda_I \cdot \sum_{j=1}^{N} p_j \cdot a_{Ij} = \lambda_I \cdot p_{N+1} = I(p_{N+1}, \lambda_I) \tag{4-17}$$

其中，p_{N+1} 表示投资商品的价格指数。我们通过符号 $I(p_{N+1}, \lambda_I)$ 简洁地表示了总投资对价格和实物投资的依赖关系。

在我们的闭合模型中，投资的资金来源只有个人或公共储蓄，公共储蓄对应式（4-14）中的 D，它的取值可以为正也可以为负（即政府借款），通过使得消费者需求一种称作"未来消费"的商品，实际上这也是由投资活动生产的商品，就可以将消费者的储蓄引入到模型中。我们使用 $N+1$ 表示这种附加活动（和商品），假设 K 种生产要素都不能对消费者产生效用，则消费者 h 的效用最大化问题变为：

目标函数：$Max\ u_h(c_h)$

约束条件：$\sum_{i=1}^{N+1} p_i \cdot c_{ih} = (1-m_h) \cdot \left(\sum_{k=1}^{K} \omega_k \cdot e_{kh} + \delta_h \cdot T \right)$ （4-18）

其中，c_h 是 $N+1$ 维向量，$c_{N+1,h}$ 表示消费者 h 的储蓄需求。需要注意的是，消费者 h 向政府交纳他们收入的百分比 m_h，但是从政府处得到一次性转移支付 $T=T(p,\omega,Y)$ 的比例为 δ_h。通常意义下，消费需求采用个人需求函数 $c_h(p,\omega)$ 的前 N 个元素表示。通过对全部 H 个消费者需求函数中的 $N+1$ 个元素求和，可以得到"未来消费"的总需求或总个人储蓄，总个人储蓄可表示为：

$S_v(p,\omega) = p_{N+1} \cdot \sum_{h=1}^{H} c_{N+1,h}(p,\omega)$ （4-19）

综合考虑式（4-17）和式（4-19）所表达的投资和储蓄形式，可以得到式（4-15）：

$I(p_{N+1},\lambda_I) = S_v(p,\omega) + D - F$ （4-20）

需要注意，一旦价格确定了，式（4-20）的右边项也被确定，这是因为储蓄 S_v 是内生的，D 是内生的或者是固定的——取决于政府部门选择的闭合条件。出于完整性考虑，式（4-20）中还加入了 F 项，因为经济中没有对外经济部门，F 值为零。给定技术系数 a_I，式（4-20）的左边项只与投资商品的价格 p_{N+1}（一个内生变量）以及投资活动总水平 λ_I 有关。因此，为了使模型中的等式成立，并得到总投资 I 和个人储蓄 S_v、公共储蓄 D 之间的一致性，变量 λ_I 必须相应地作出调整，这就是宏观经济中的模型闭合条件，它的出现是为了保证与资源分配有关的微观变量和全部宏观变量之间的一致性。对投资做出的所有设定是为了说明，投资是储蓄驱动的。很明显，这是一个非常简单的"理论"，但是，对于具有静态特性的应用一般均衡模型而言，这种设定足以满足大部分的目的。在这里，需要强调的是，尽管投资的决定因素很复杂，储蓄和投资之间的闭合条件肯定是成立的，这是一个基本的经济学等式。

4.3.4 均衡系统

当前述的政府活动变得越来越复杂，并且考虑储蓄—投资现象时，均衡系统就发生了一些变化，对于给定的税收方式 $\Im = (\tau, t, m)$，完整的系统方程现在可以描述为如下形式：

（i）$Y = TD\left(p, \omega, p_{N+1}, Y, \lambda_I, E; \Im\right)$

（ii）$S\left(p, \omega; \Im\right) = Z\left(\omega, Y; \Im\right)$

（iii）$p = \left(pva\left(\omega; \Im\right) \cdot V + p \cdot A\right) \cdot \Gamma$

（iv）$R\left(p, \omega, Y; \Im\right) - T\left(p, \omega, Y; \Im\right) = p_N \cdot E + D$ （4-21）

（v）$I\left(p_{N+1}, \lambda_I\right) = S_v\left(p, \omega; \Im\right) + D$

（vi）$p_{N+1} = p \cdot a_I$

在新的系统中，对 N 种商品的最终需求，不仅包括中间需求和最终消费需求，还包括政府消费 E 以及实物投资 $\lambda_I \cdot a_I$。如前所述，我们采用 N 标识公共品，因此，现在我们令 E' 表示一个零列向量，但其第 N 个元素与 E

中对应的元素相等，则商品总需求的表达式如下所示：

$$TD(p,\omega,p_{N+1},Y,\lambda_I,E;\Im) = A \cdot Y + CD(p,\omega;\Im) + \lambda_I \cdot a_I + E \qquad (4\text{-}22)$$

式（4-21）中的条件（iv）对应此前所谓的政府收入函数，但是现在或许更适合于表示政府预算函数，其左边项表示政府的净收入。

投资商品的引入，需要1个新变量方程和1个新价格方程，来确定活动水平 λ_I，以及商品的价格 p_{N+1}，这个目标的实现，可以通过引入方程（v）——使得投资品供给和需求相等的闭合条件；以及方程（vi）——基于投资活动的技术系数，把投资价格确定为价格指数。

系统（4-21）包含 $2N+K+3$ 个方程：（i）中有 N 个方程，（ii）中有 K 个方程，（iii）中有 N 个方程，（iv）、（v）和（vi）分别对应一个方程。但是，未知变量的个数为 $2N+K+4$ 个：N 个商品的活动水平 Y、N 个商品价格 p、K 个要素价格，以及价格 p_{N+1}、投资活动水平 λ_I、公共消费水平 E、预算结余或赤字 D。方程和未知变量的个数说明，政府不可能同时控制 E 和 D，通过外生地确定 E 或 D，我们可以把要确定变量的个数减小到 $2N+K+3$ 个，选择先确定哪一个是任意的，但是在政策应用上，这个选择就要取决于政府实施的特定的全局政策方针。给定税收方式和支出 E（或者赤字 D）的组合 $\Im$，这种经济的均衡将体现为，使系统（4-21）中所有方程都成立的一系列均衡解：商品价格 p^*、要素价格 ω^*、商品活动 Y^*、投资价格 p_{N+1}^*、投资活动水平 λ_I^* 和赤字 D^*（或 E^*）。

4.3.5 税收、支出和赤字：最后一个案例

现在我们将会调整简单模型的结构来解释政府部门的行为和投资商品特征。政府将会征收销项税 τ，然后部分或全部用于公共品的供应。对于模型中的两个部门，现在第2个部门被视为提供公共服务的部门，投

入—产出矩阵和增加值生产函数参数值相等。但是，投资商品的引入使得我们需要对效用函数的描述做出一些改变。现在消费者会有选择消费两种商品还是储蓄的偏好，因此，效用函数需要进行扩展并引入新的商品。我们仍然假设新的效用函数为柯布道格拉斯类型，更具体地可以表达为：

$$u_1(c_1, c_1, c_3) = c_{11}^{0.3} \cdot c_{21}^{0.6} \cdot c_{31}^{0.1}$$
$$u_2(c_2, c_2, c_3) = c_{12}^{0.48} \cdot c_{22}^{0.32} \cdot c_{32}^{0.20}$$

（4-23）

其中，c_{3h} 现在表示消费者 h 的储蓄需求或"未来消费"，投资活动则可以用下面的系数向量表示：

$$a_I = (0.3, 0.7)$$

（4-24）

回顾式（4-21）所示的均衡系统，存在 $2N + K + 3$ 个均衡变量需要确定，本例中，$N = K = 2$，这就意味着一旦给定公共需求量 E，我们总共需要确定9个值。对于目前给定的系数，读者可以作为练习进行验证，进而得到没有政府活动、税收以及政府购买的均衡解为：

$$p_1^* = p_2^* = \omega_1^* = \omega_2^* = p_3^* = 1$$
$$y_1^* = y_2^* = 100, \lambda_1^* = 10, D^* = 0$$

（4-25）

现在我们考虑两种可选的税收/支出政策情形。第1种情形，政府决定购买 $E = 10$ 单位的公共品，其购买资金则需要使用一些将会产生的税收。为此目的，我们假设政府存储其应计税收的百分比为 ρ，在仿真模拟中我们假设 $\tau = 5\%, \rho = 0.50$，即5%销项税中的一半返回到消费者，另一半用于购置公共品。在第2种情形下，政府希望增加其需求到 $E = 15$ 个单位，但是同时保持原来的赤字常数 $D = -6.151$，这种情况只有在销项税率增加的条件下才有可能实现。我们利用模型内生地计算合适的税率，结果表明预算赤字中立税率为 $\tau = 12.43\%$。表4-4显示了其数值结果，与原来一样，我们说明的是产出和投资的标准化值而不是其绝对值，对结果的解释我们作为练习留给感兴趣的读者。

表 4-4　　　　　　　在固定的预算下，增加税收的影响

分配系数为：$\rho = 0.50$，$\theta_1 = \theta_2 = 0.50$

	$\tau = 5\%$	$\tau = 12.43\%$
价格		
p_1	1.133	1.370
p_2	1.167	1.470
p_{2+1}	1.157	1.000
ω_1	1.000	1.000
ω_2	1.023	1.440
标准的活动水平		
y_1	0.984	0.976
y_2	1.023	1.047
λ	0.410	0.440
政府指标		
D	−6.151	−6.151
E	10.000	15.000
福利变化(%)		
Δu_1	−7.92	−18.35
Δu_2	−2.94	−6.38

|4.4| 本章小结

第 3 章描述的基础模型，现在被拓展到解释政府的活动以及储蓄/投资商品。一般情况下，政府的活动可分为 3 大类——间接销项税、企业支付的

要素使用税和消费者支付的直接收入税。征收的税收被用于转移支付给经济的私有部门或者购买公共品，用于转移支付和支出的税收资金分配比例当然是一个政策决策问题。

在这个基础模型的层次上，其他税收也可以被包含在内，例如：雇主支付的社会保障税、消费税、增值税、甚至是负税收，如补贴。在需要的情况下，任意特定的税收方式中也可以精心设定一系列部门或消费者税率。

但是，模型仍然是不完整的，至少在两个大的方面和几个小的方面是有待提高的。一方面，我们建立的经济模型不包含对外经济部门，因此，只要涉及实际政策应用，这是一个严重的局限；此外，要素的完全利用也是一个严格约束，因为它减弱了任意政策改变带来的收入或产出效应。另一方面，技术、偏好和预算限制的设定也可以进一步修改和完善，要素之间的替代可以被延伸到一类常替代弹性（CES）函数，其中柯布道格拉斯假设就是一种非常特殊的 CES 函数类型。另外，消费者的预算约束中包含并区分不同财政政策下不同政府转移支付方式，其中，在实际应用中，有一些转移支付是确定的，也有一些对模型来说是内生的。

我们也已经详细地讨论了一些仿真结果，我们的目标是引导读者以合适的方式来解读结果。事实证明，直接阅读数值模拟结果是令人费解的，甚至更严重地说可能是错误的，为此，我们在这里给出一些提示，当然，我们仅仅指的是字面上的解释，而没有说明静态模型（不受时间影响的）仿真结果解释的方法论问题，因为现实世界中的经济模型肯定是动态的。

到目前为止，我们对数值一般均衡刻意省略计算过程，即本章中这样的均衡系统在实际中如何求解？数值的产生像变魔术似的，但是实际中并没有魔术帽。因此，为了满足读者的好奇心，我们在附录4-1和4-2中列出了 $GAMS$^①代码，这些代码可以用于表4-1、4-2、4-3、4-4所述问题的全部数值计算，利用这些 $GAMS$ 程序代码，读者可以在计算机上运行重现所有的这些结果。

问题与练习

1. 当 p 不包含销项税时，写出价格方程。（简单）

2. 在全部3种情形下，利用表4-1和4-2中的数据计算国内生产总值的拉氏指数。（简单）

3. 在表4-1的第1种情形下，证明部门1的净产出水平下降2.79%，同时部门2的净产出水平上升1.86%。（简单）

4. 在第1种情形下，利用表4-1提供的有关均衡价格和产出的信息，构建反事实经济的社会核算矩阵。（中等难度）

5. 假如你有足够的耐心来构建表4-1在3种情形下的社会核算矩阵，你能否对其进行有意义的比较？（中等难度）

6. 为什么均衡系统（4-21）没有像式（4-4）一样，在表达式中明确地出现变量 T ——一次性转移支付？（简单）

7. 参考表4-4，利用表中的均衡值分别从支出和收入两个角度计算 GDP，证明条件"储蓄=投资"是成立的。最后，请说明政府购买公共商品是否会产生挤出效应？（简单）

---

① $GAMS$（一般代数建模系统）是一种有效可行的高水平数学优化语言，它可以被用于求解非线性系统方程，见 Brooke 等(1988)。

|附录4.1| 表4-1、4-2和4-3中CGE模型的GAMS代码

```
$TITLE SIMPLE GENERAL EQUILIBRIUM MODEL: CHAPTER 4
* The model contemplates three types of taxes: output, labor, and income taxes.
* Users can select valued for policy parameters.
OPTION DECIMALS=3;
SET I goods /1*2/; SET K factors /1*2/; SET H households /1*2/;
ALIAS (J,I);

TABLE E(K,H) endowments
        1       2
1       30      20
2       20      5;

TABLE BETA(I,H) Cobb-Douglas utility coefficients
        1       2
1       0.3     0.6
2       0.7     0.4;

TABLE A(I,J) input-output coefficients
        1       2
1       0.2     0.5
2       0.3     0.25;

TABLE ALPHA(K,I) Cobb-Douglas production function coefficients
        1       2
1       0.8     0.4
2       0.2     0.6;

PARAMETER V(I) value-added coefficients
/1      0.5
 2      0.25/;

PARAMETER
TAU(I)          output tax rates
M(H)            income tax
T(K)            factor tax
DEL(H)          lump sum shares;
TAU(I)=0; M(H)=0; T(K) = 0; DEL(H)=0;

VARIABLES
P(I)            prices for goods
W(K)            prices for factors
WN(K)           net prices for factors
Y(I)            total output
PVA(I)          price of value-added
B(K,I)          flexible factor coefficients
C(I,H)          individual demand for final consumption
CD(I)           aggregate demand for final consumption
X(K,I)          firms factor demand
XD(K)           aggregate factor demand
TC              total tax collections
OT              output tax collections
FT              factor tax collections
MT              income tax collections
Z               maximizing dummy;

EQUATIONS
VAPRICE(I)      price index for value added
PRICES(I)       price formation
FACPRICES(K)    net and gross factor prices
DEMAND(I)       total demand for goods
HOUSDEM(I,H)    households demand for goods
LAB(I)          variable coefficient for labor
CAP(I)          variable coefficient for capital
ZDFAC(K,I)      firms demand for factors
ZFACDEM(K)      total demand for factors
GOVERNM         government budget constraint
INCOMETAX       income tax collections
FACTORTAX       factor tax collections
OUTPUTTAX       output tax collections
EQGOODS(I)      equilibrium for goods
```

```
EQFACTORS(K)   equilibrium for factors
MAXIMAND       aux objective function;

VAPRICE(I)..      PVA(I) =E= PROD(K, W(K)**ALPHA(K,I)) ;
PRICES(I)..       P(I)   =E= (1+TAU(I))*(PVA(I)*V(I)+SUM(J,P(J)*A(J,I)));
FACPRICES(K)..    W(K)   =E= WN(K)*(1+T(K)) ;
DEMAND(I)..       CD(I)  =E= SUM(H, C(I,H));
HOUSDEM(I,H)..    C(I,H) =E=(1-M(H))*BETA(I,H)*(DEL(H)*TC+SUM(K, WN(K)*E(K,H)))/P(I);
LAB(I)..          B('1',I) =E= ALPHA('1',I)*(W('2')/W('1'))**ALPHA('2',I) ;
CAP(I)..          B('2',I) =E= ALPHA('2',I)*(W('1')/W('2'))**ALPHA('1',I) ;
ZDFAC(K,I)..      X(K,I) =E= B(K,I)*V(I)*Y(I);
ZFACDEM(K)..      XD(K)  =E= SUM(I, X(K,I));
GOVERNM..         TC     =E= OT + FT+ MT ;
INCOMETAX..       MT     =E= SUM(H, M(H)*(DEL(H)*TC+SUM(K, WN(K)*E(K,H))) );
FACTORTAX..       FT     =E= SUM( (I,K), T(K)*WN(K)*B(K,I)*V(I)*Y(I) );
OUTPUTTAX..       OT     =E= SUM(I, TAU(I)*Y(I)*(PVA(I)*V(I)+SUM(J,P(J)*A(J,I)))) ;
EQGOODS(I)..      Y(I)   =E= CD(I) + SUM(J, A(I,J)*Y(J));
EQFACTORS(K)..    XD(K)  =E= SUM(H, E(K,H));
MAXIMAND..        Z      =E= 1;


MODEL SIMPLECGE  /ALL/;

SCALAR LB lowerbound /1E-4/;
P.LO(I)=LB;   Y.LO(I)=LB;   W.LO(K)=LB;   PVA.LO(I)=LB;   C.LO(I,H)=LB;   B.LO(K,I)=LB;
X.LO(K,I)=LB;
Wn.FX('1') = 1;

SOLVE SIMPLECGE MAXIMIZING Z USING NLP ;

* Save benchmark results
PARAMETER
Y0(I)          Benchmark gross output of i
NY0(I)         Benchmark net output of i
PC0(I)         Benchmark consumption of i
U0(H)          Benchmark utility of h;

Y0(I)   = Y.L(I);
NY0(I)  = Y.L(I)-SUM(J, A(I,J)*Y.L(J));
PC0(I)  = SUM(H, C.L(I,H));
U0(H)   = PROD(I, C.L(I,H)**BETA(I,H));

* Choose Fiscal Policies for Tables 4.1, 4.2 and 4.3
TAU(I)= 0.10;
*T('1') = 0.10;
*T('1') = 0.374260;
*M(H) = 0.20;
* Choose Redistribution parameter for same Tables.
DEL('1')= 0.5; DEL('2')=1-DEL('1');

*Solve model under policy
SOLVE SIMPLECGE MAXIMIZING Z USING NLP ;

*Write simulation results
PARAMETER
U(H)           simutility
DU(H)          utility changes
WAG            wages
KAP            capital income
PC(I)          simconsumption of good i
PRC            private consumption
GDPI           GDP-income
GDPE           GDP-expenditure
NY(I)          net output
DNY(I)         change or index for net output of i
DY(I)          change or index for gross output of i ;

U(H)   = PROD(I, C.L(I,H)**BETA(I,H));
DU(H)  = (U(H)/U0(H)-1)*100;
WAG    = WN.L('1')*XD.L('1'); KAP = WN.L('2')*XD.L('2');

                  PC(I) = SUM(H, C.L(I,H));
                  PRC   = SUM(I, P.L(I)*PC(I));
                  GDPI  = WAG+KAP+TC.L;
                  GDPE  = PRC;
                  NY(I) = Y.L(I)-SUM(J, A(I,J)*Y.L(J));

                  * Output indexation:
                  DNY(I)= NY(I)/NY0(I) ;
                  DY(I) = Y.L(I)/Y0(I);

                  DISPLAY "RESULTS";
                  DISPLAY DEL, TAU, T, M;
                  DISPLAY P.L, W.L, DY, DNY, DU, X.L, TC.L;
                  DISPLAY GDPI, WAG, KAP, TC.L, GDPE;
```

附录4.2 表4-4中CGE模型的GAMS代码

```
$TITLE SIMPLE GENERAL EQUILIBRIUM MODEL: CHAPTER 4: Table 4
OPTION DECIMALS=3;
SET IT goods /1*2, S/; SET K factors /1*2/; SET H households /1*2/; SET I(IT) /1*2/;
ALIAS (J,I);

TABLE E(K,H) households endowments
        1       2
1       30      20
2       20      5;

TABLE BETA(IT,H) Cobb-Douglas utility coefficients
        1       2
1       0.30    0.48
2       0.60    0.32
S       0.10    0.20;

TABLE A(I,J) input-output coefficients
        1       2
1       0.20    0.50
2       0.30    0.25;

TABLE ALPHA(K,I) production function coefficients
        1       2
1       0.80    0.40
2       0.20    0.60;

PARAMETER V(I) value-added coefficients
/1      0.50
 2      0.25/;

PARAMETER INV(I) investment activity
/1      0.30
 2      0.70/ ;

PARAMETER DG(I) government demand
/1      0
 2      0/ ;

PARAMETER
TAU(I)          output tax
M(H)            income tax
T(K)            factor tax
DEL(H)          lumpsum shares
RO              percentage of transfers to households;
TAU(I)=0; M(H)=0; T(K)=0; DEL(H)=0; RO=0;

VARIABLES
P(I)            prices for goods
W(K)            prices for factors
WN(K)           net prices for factors
Y(I)            total output
PVA(I)          price of value-added
B(K,I)          flexible factor coefficients
C(IT,H)         individual demand for final consumption and savings
CD(I)           aggregate demand for final consumption
X(K,I)          firms factor demand
XD(K)           aggregate factor demand
TR              transfers to households
TC              total tax collections
OT              output tax collections
FT              factor tax collections
MT              income tax collections
NIV             investment level
PINV            investment price
DEF             government deficit
GD              government expenditure
Z               maximizing dummy  ;

EQUATIONS
VAPRICE(I)      price index for value added
```

```
PRICES(I)       price formation for goods
PRICEINV        price of investment
FACPRICES(K)    net and gross factor prices
DEMAND(I)       total demand for goods
HOUSDEM(I,H)    households demand for goods
SAVPRIV(H)      savings by households
LAB(I)          variable coefficient for labor
CAP(I)          variable coefficient for capital
ZDFAC(K,I)      firms demand for factors
ZFACDEM(K)      total demand for factors
GOVINCOME       government income
GOVTRANS        government transfers
GOVSAV          savings by government
GOVDEM          government demand
INCOMETAX       income tax collections
FACTORTAX       factor tax collections
OUTPUTTAX       output tax collections
EQGOODS(I)      equilibrium for goods
EQFACTORS(K)    equilibrium for factors
SAVINV          macro closure
MAXIMAND        aux objective function;

VAPRICE(I)..        PVA(I) =E= PROD(K, W(K)**ALPHA(K,I)) ;
PRICES(I)..         P(I) =E= (1+TAU(I))*(PVA(I)*V(I)+SUM(J,P(J)*A(J,I)));
PRICEINV..          PINV =E= SUM(I, P(I)*INV(I)) ;
FACPRICES(K)..      W(K) =E= WN(K)*(1+T(K)) ;
DEMAND(I)..         CD(I) =E= SUM(H, C(I,H));
HOUSDEM(I,H)..      C(I,H)=E=(1-M(H))*BETA(I,H)*(DEL(H)*TR+SUM(K, WN(K)*E(K,H)))/P(I);
SAVPRIV(H)..        C('S',H)=E=(1-M(H))*BETA('S',H)*(DEL(H)*TR+SUM(K, WN(K)*E(K,H)))/PINV;
LAB(I)..            B('1',I) =E= ALPHA('1',I)*(W('2')/W('1'))**ALPHA('2',I) ;
CAP(I)..            B('2',I) =E= ALPHA('2',I)*(W('1')/W('2'))**ALPHA('1',I) ;
ZDFAC(K,I)..        X(K,I) =E= B(K,I)*V(I)*Y(I);
ZFACDEM(K)..        XD(K) =E= SUM(I, X(K,I));
GOVINCOME..         TC =E= OT+FT+MT ;
GOVTRANS..          TR =E= RO*TC ;
GOVSAV..            DEF =E= TC-TR-GD;
GOVDEM..            GD =E= SUM(I, P(I)*DG(I));
INCOMETAX..         MT =E= SUM(H, M(H)*(DEL(H)*TR+SUM(K, WN(K)*E(K,H))) );
FACTORTAX..         FT =E= SUM((I,K),   T(K)*WN(K)*X(K,I) );
OUTPUTTAX..         OT =E= SUM(I, TAU(I)*Y(I)*(PVA(I)*V(I)+SUM(J,P(J)*A(J,I)))) ;
EQGOODS(I)..        Y(I) =E= NIV*INV(I)+ DG(I) + CD(I) + SUM(J, A(I,J)*Y(J));
EQFACTORS(K)..      XD(K) =E= SUM(H, E(K,H));
SAVINV..            SUM(I, NIV*INV(I)*P(I)) =E= SUM(H, PINV*C('S',H)) + DEF;
MAXIMAND..          Z =E= 1;

MODEL SIMPLECGE /ALL/;

SCALAR LB lowerbound /1E-4/;
P.LO(I)=LB; PVA.LO(I)=LB; W.LO(K)=LB; WN.LO(K)=LB ; PINV.LO=LB;
Y.LO(I)=LB; X.LO(K,I)=LB; XD.LO(K)=LB;
C.LO(I,H)=LB; CD.LO(I)=LB; B.LO(K,I)=LB;
TR.LO=0; TC.LO=0; OT.LO=0; FT.LO=0; MT.LO=0; GD.LO=0; NIV.LO=0;

WN.FX('1') = 1;

SOLVE SIMPLECGE MAXIMIZING Z USING NLP ;

PARAMETER
Y0(I)       Benchmark gross output of i
NY0(I)      Benchmark net output of i
PC0(I)      Benchmark consumption of i
U0(H)       Benchmark utility of h
NIV0        Benchmark investment level;

Y0(I)  = Y.L(I) ;
NY0(I) = Y.L(I)-SUM(J, A(I,J)*Y.L(J));
PC0(I) = SUM(H, C.L(I,H));
U0(H)  = PROD(IT, C.L(IT,H)**BETA(IT,H));
NIV0   = NIV.L;
```

```
* Fiscal Policy
TAU(I) = 0.05;
T('1') = 0.0;
T('2') = 0.0;
M(H) = 0.0;
DEL('1')=0.5; DEL('2')=1-DEL('1');
RO = 0.50 ;
DG('1') = DG('1')+ 0   ;
DG('2') = DG('2')+ 10 ;

*Solve under policy
SOLVE SIMPLECGE MAXIMIZING Z USING NLP ;

*Write simulation results
PARAMETER
U(H)          simutility
DU(H)         utility changes
WAG           wages
KAP           capital income
PC(I)         simconsumption of good i
PRC           private consumption
GDPI          GDP-income
GDPE          GDP-expenditure
FBK           Gross capital formation
ITAX          Indirect taxation
SAV           Savings by households
PUBC          Public consumtion
NY(I)         net output
DNY(I)        index for net output of i
DY(I)         index for gross output
DINV          index for investment;

U(H)  = PROD(IT, C.L(IT,H)**BETA(IT,H));
DU(H) = (U(H)/U0(H)-1)*100;
WAG   = WN.L('1')*XD.L('1'); KAP = WN.L('2')*XD.L('2');
PC(I) = SUM(H, C.L(I,H));
PRC   = SUM(I, P.L(I)*PC(I));
ITAX  = OT.L + FT.L;
GDPI  = WAG+KAP+ITAX;
FBK = SUM(I, NIV.L*INV(I)*P.L(I)) ;
SAV = SUM(H, PINV.L*C.L('S',H)) ;
PUBC = SUM(I, P.L(I)*DG(I));
GDPE = PUBC + PRC+ FBK;
NY(I) = Y.L(I)-SUM(J, A(I,J)*Y.L(J));

* Output indexation
DNY(I)= NY(I)/NY0(I);
DY(I) = Y.L(I)/Y0(I);
DINV = NIV.L/NIV0;

DISPLAY "RESULTS";
DISPLAY RO, DEL, TAU;
DISPLAY P.L, PINV.L, W.L, DY, DNY, DINV, DEF.L, DG, DU;
DISPLAY FBK, PRC, PUBC, GDPI, GDPE, WAG, KAP, ITAX;
```

第 5 章

模型的进一步扩展：对外经济部门、劳动力市场和消费技术

到目前为止建立的基本模型，无论有没有政府部门的参与，均使我们全面地了解到封闭经济中资源配置的过程。作为学习工具，这些假设条件是有价值的，但是，当涉及到实际政策应用时，它们却是非常有局限性的，我们需要进一步精心地调整模型结构，因此，接下来本章需要引入对外经济部门，并假设部分国内资源并未充分利用，尤其是劳动力要素。在任何实际经济建模中，如果我们想要保证模型可以处理实际问题，这两种现象均不能忽略。在本章最后，将会讨论目前所建立模型的局限性，即它具有更多的实证以及与数据相关的性质，并且消费者需求的商品与企业生产的商品可能不一致。

5.1 对外经济部门

对模型进行扩展并使之可以解释国际贸易，并不是一个确定或显而易见的问题，建模者会面临很多种可能性。事实上，很多一般均衡经济学家认为这个领域一般包括两种类型的模型——"财政"模型和"贸易"模型，这个

问题取决于建模的重点是侧重于政府活动和扭曲的税收效应（Ballard et al.，1985；Shoven and Whalley，1992；Kehoe et al.，2005）还是对外经济部门的规模（Dervis et al.，1982；Francois and Reinert，1997）。但是，这种分类有点人为性，因为这两类应用一般均衡模型的相同点大于不同点，如果存在不同点的话，也是分析上的不同而不是本质上的不同（Shoven and Whalley，1984）。即使任何完全成熟的并且可操作的"财政"模型非常简单，它也需要一个交易说明，并且出于完整性任何特定的"交易"模型都需要税收子系统。附加的方面在于它和基础模型具有不同的复杂程度，但是它们必须被包含在模型内，来为应用模型提供所有必要的反馈内容和所有潜在结构特征的合理表示。两种"方法"都强调了在资源分配过程中，市场和价格系统的决定性作用，这也是它们明显不同于其他一般均衡方法（如宏观经济建模）的原因。

众所周知，贸易理论的预测不总是符合现实的，当事实趋向于和我们的假设相矛盾时，我们希望提出新的模型来解决这一矛盾。作为一个一般性规则，国家似乎并没有把商品生产特殊化，在给定的经济中，大部分商品被同时进口和出口，并形成双向贸易。为了在应用一般均衡分析中包含这个经验事实，我们通常会用到两种模型。第1种模型定义为国内经济主体对每种商品进口的需求以及国外经济主体对国内商品出口的需求，对于所有的实际应用，国内商品和国外商品是难以区分的，并且双向流动是不易解释的；第2种模型则认识到国内商品和国外商品是类似的，但并不是完全替代品。如果国内商品和国外商品是竞争性的，那么国内企业可以根据相对价格，顺利地把生产活动中的一种商品替代为另一种商品。因此，会存在对国外竞争性商品的国内需求，类似地，国外部门——外部世界的总和，在其生产进程中也存在对国内商品的需求，从而产生了出口，这就是所谓的阿明顿假设

（Armington，1969），下面我们将会用到这个假设。在第1种模型中，我们把进口视为生产中的额外中间投入（Kehoe and Serra-Puche，1983）或者我们可以定义净进口需求函数（Ballard et al.，1985）。

5.1.1 阿明顿假设

我们使用的处理方法是把阿明顿假设和传统生产活动分析结合起来，把生产出口商品的活动称为"贸易"，这种商品生产的技术系数向量为 $a_x = \left(a_{x1},...,a_{xj},...,a_{xN}\right)$，在基础水平上，利用向量 a_x 可以得到贸易商品的可观测总量 E_x，但是这种活动在不同水平上进行操作，用 λ_x 表示，令指标 $N+2$ 来标识这种新型的活动，则商品 j 的总出口为：

$$EXP_j = \lambda_x \cdot a_{xj} \cdot E_x \tag{5-1}$$

同时，得到的总出口值为：

$$X = \sum_{j=1}^{N} p_j \cdot EXP_j = \lambda_x \cdot E_x \cdot \sum_{j=1}^{N} p_j \cdot a_{xj} = \lambda_x \cdot E_x \cdot p_{N+2} = X\left(p_{N+2}, \lambda_x\right) \tag{5-2}$$

其中，p_{N+2} 是贸易商品的物价指数，需要注意式（5-2）和式（4-17）所确定的总投资形式的相似性。同时，将两类非完全替代的投入，即国内产出 Q_j 和贸易品的进口 M_j 相结合，再根据生产函数的表达式，可以得到每个生产部门的产出 y_j：

$$y_j = \Phi_j\left(Q_j, M_j\right) \tag{5-3}$$

对于给定的国内商品价格 p_j、贸易商品价格 p_{N+2} 和产出 y_j，求解如下的成本最小化问题，从而得到 Q_j 和 M_j 的最优组合：

目标函数： $Min p_j \cdot Q_j + p_{N+2} \cdot M_j$

约束条件： $y_j = \Phi_j\left(Q_j, M_j\right)$ （5-4）

式（5-4）的解依赖于价格和产出参数，求解得到国内投入和进口的条件需求为：

$$Q_j = Q_j\left(p_j, p_{N+2}, y_j\right)$$
$$M_j = M_j\left(p_j, p_{N+2}, y_j\right) \qquad (5-5)$$

相对价格 $\left(p_j / p_{N+2}\right)$，$y_j$ 的变化对 Q_j 和 M_j 产生了不同的需求，复合函数 Φ_j 可以采取我们熟知的柯布道格拉斯形式或 CES 形式。生产函数（5-3）的投入值 Q_j 实际上是国内企业的产出，生产 Q_j 的技术对应于前面章节生产函数 y_j 的描述，即中间投入和增加值以一定的比例相结合，其中，增加值是综合生产要素，即劳动力和资本所形成的"复合要素"。

总进口可以表示为：

$$M = \sum_{j=1}^{N} p_{N+2} \cdot M_j\left(p_j, p_{N+2}, y_j\right) = M\left(p, p_{N+2}, Y\right) \qquad (5-6)$$

最后，贸易平衡的形式为：

$$F = X\left(p_{N+2}, \lambda_x\right) - M\left(p, p_{N+2}, Y\right) \qquad (5-7)$$

等式"储蓄=投资"现在表示为：

$$I = S + D - F \qquad (5-8)$$

其中，$-F$ 表示国外储蓄，S 和 D 分别表示私人储蓄和政府储蓄。

5.1.2　均衡和模型闭合

一旦加入对外经济部门后，我们现在重新描述并讨论新均衡系统的特点，采用与原来同样的标记习惯和新的变量定义方程，我们有：

（i）　$Y = TD\left(p, \omega, p_{N+1}, p_{N+2}, Y, \lambda_I, \lambda_x, E; \Im\right)$

（ii）　$S\left(p, \omega; \Im\right) = Z\left(\omega, Y; \Im\right)$

（iii）　$p = \left(pva\left(\omega; \Im\right) \cdot V + p \cdot A\right) \cdot \Gamma$

（iv）　$R\left(p, \omega, Y; \Im\right) - T\left(p, \omega, Y; \Im\right) = p_N \cdot E + D$

（v） $I\left(p_{N+1},\lambda_I\right)=S_v\left(p,\omega;\mathfrak{I}\right)+D-F$ (5-9)

（vi） $F=X\left(p_{N+2},\lambda_x\right)-M\left(p,p_{N+2},Y\right)$

（vii） $p_{N+1}=p\cdot a_I$

（viii） $p_{N+2}=p\cdot a_x$

很明显，这个系统和原来的均衡系统表达式（4-21）之间的不同点为：方程（i）现在包含出口的最终需求（即通过出口活动水平 λ_x）；方程（v）现在允许国外储蓄，即 $-F$；方程（vi）和（viii）是新的方程，它们分别给出了贸易平衡的定义和贸易商品的价格方程。

系统（5-9）包含 $2N+K+5$ 方程：（i）中有 N 个方程、（ii）中有 K 个方程、（iii）中有 N 个方程，方程（iv）-（viii）分别对应一个方程。变量的个数为 $2N+K+7$ 个：N 个生产水平 Y、N 个价格 p、K 个价格 ω、投资和贸易活动的 2 个价格和 2 个生产水平、贸易平衡 F、预算赤字 D 和政府消费水平 E，因此，我们在新的均衡系统中有 2 个自由度和 2 个需要外生确定的变量以闭合模型。从经济学的角度来看，这就意味着可能有 4 种不同的闭合条件，我们可以像原来一样选择 D 或 E 是内生的，这就对应着政府会优先决定公共支出或赤字的大小。另外，我们可以令贸易赤字 F 是内生的，那么出口水平 λ_x 是固定的；或者令 λ_x 是内生的，则贸易赤字 F 是固定的。需要注意的是，政府部门两类闭合具有相似性，但是从经济学方面来看，令贸易赤字是内生的并且出口是外生的，在大多数情况下是一个更为合适的选择。毕竟，我们不能对国外经济主体的需求决策建模，尽管以一种特殊的方式修改出口技术是完全有可能的。

5.1.3 关税

引入对外经济部门的重要性主要体现在两个方面：一是全面描述经济的

方法论需要；第二则与政府的介入有关，任何影响相对价格和产出水平的政府政策，都会对国内和国外总供给水平及其构成产生影响，但是，只有在政策直接影响国内与进口商品的相对价格时，大部分的影响才可以体现出来，例如，关税或进口商品税收问题。

我们假设任何国内公司进口国外商品支付的从价关税率为 r_j，根据成本最小化得到阿明顿需求为：

目标函数： $Minp_j \cdot Q_j + p_{N+2} \cdot (1 + r_j) \cdot M_j$

约束条件： $y_j = \Phi_j(Q_j, M_j)$ (5-10)

关税率向量 $r = (r_1, \ldots, r_N)$ 成为政府处理贸易交易问题的有效方式，目前，对国内商品和进口的阿明顿需求依赖于总关税价格 $p_{N+2} \cdot (1 + r_j)$，这就得到了研究贸易自由化影响的非常合适的方法。

|5.2| 劳动力市场

在第 4 章我们看到，政府加入到经济系统后，是如何利用税收和支出政策影响税收分配的。财政政策通过对相对价格产生影响使企业和消费者相应地调整他们的生产计划和消费方式。但是，基础模型中要素供给的简单表示有很大的局限性，无论市场价格是多少，劳动力和资本都无弹性地供给，可以说这个假设对资本来说是可行的，因为资本要素通常被认为是不能产生效用的，但是，这个假设并不适合于劳动力市场。我们在微观经济理论中介绍的消费者，他们通常在工作和休闲之间调整时间禀赋以应对价格变化。如果劳动力的供给或与此相关的任何要素是和价格有关的，那么政策改变将会影响劳动力市场的交易，并且，这种影响最终将会体现在总产出水平上。

虽然大量关于劳动力市场的实证研究估计出了供给弹性，但是一般均衡模型则要求能够获取消费者对休闲需求的具体数据，而这些信息通常是不能得到的。从家庭层面来说，任何可观测到的未使用的劳动力禀赋既可以被乐观地视为"休闲"，也可以被消极地认为是"失业"，被认定为哪一类当然是一个很困难的经验性问题。虽然可以提出对价格敏感的劳动力供给函数，但是，仍然需要假设劳动力市场出清条件。因此，我们将会使用一个更简单的方式，不要求完全确定的劳动力供给函数的详细信息，而是引入失业的劳动力资源。

下面我们通过简化基础模型，来研究只存在两种生产要素的情况——劳动力（$k=1$）和资本（$k=2$）。如果两种要素都可以无弹性地供给，则在市场出清的假设下，要素价格将会调整，以保证要素被完全使用。因此，对于不能完全被雇佣的劳动力，他们的价格将会以其他的方式被确定。假设劳动力的价格被定义为，能够使得消费者购买标准的"一篮子"商品 $\gamma = \left(\gamma_1, ..., \gamma_j, ..., \gamma_N \right)$ 所花费的钱数：

$$\omega_1 = \sum_{j=1}^{N} p_j \cdot \gamma_j = p \cdot \gamma, \quad \text{且} \sum_{j=1}^{N} \gamma_j = 1, \quad \gamma_j > 0 \tag{5.11}$$

其中，$p \cdot \gamma$ 为消费者的价格指数，换句话说，实际工资的购买力 $\omega_1 / p \cdot \gamma$ 是个取值为 1 的常数。通过在均衡中增加这个真实工资条件，我们省去了劳动力的市场出清条件，并且劳动力需求与可使用的劳动力不相同，这就产生了未雇佣劳动力。图 5-1 为具有和不具有实际工资条件的劳动力市场图形。

在图 5-1 中，函数 $z_1(\omega, Y)$ 表示劳动力需求，在市场出清的均衡值 ω^0 和 Y^0 下，全部的劳动力禀赋是被完全雇佣的，即 $e_1 = z_1\left(\omega^0, Y^0\right)$，$\omega_1^0$ 是劳动力的均衡价格。相反，当我们根据价格指数 $p \cdot \gamma$ 确定劳动力的价格时，在另

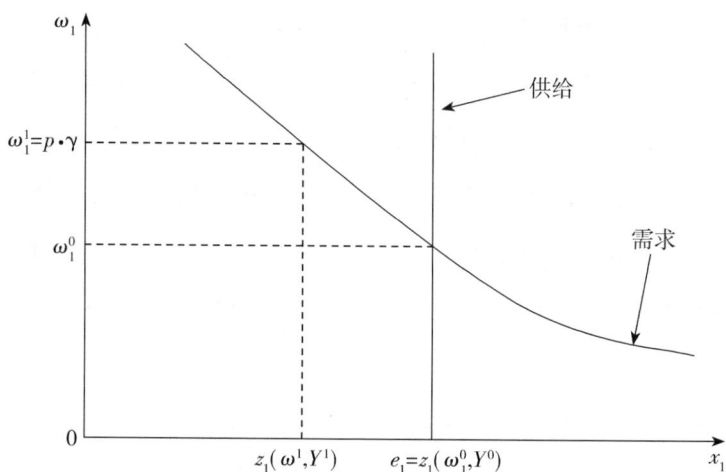

图 5-1　劳动力市场

一组均衡值 ω^1 和 Y^1 下的劳动力需求不足以雇佣消费者提供的所有劳动力，这时失业就会出现，并可以用图 5-1 中的 $e_1 - z_1(\omega^1, Y^1)$ 表示。市场行为的第 1 种类型描述的情况是：工资率的调整是为了保证所有的劳动力被完全雇佣；在第 2 种类型中，我们可以说失业率 u（定义为未雇佣劳动力对总劳动力禀赋的比率）的调整是为了保证真实工资的购买力不变。简而言之，我们将分别把它们称为"可变"工资（需求和供给决定劳动力市场）和"固定"工资（工资被外生地固定）。

　　在某种意义上，劳动力市场的第 2 种类型是比较极端的情形，因为我们排除了真实工资和失业率之间的所有反馈影响。当工人或工会进行真实工资谈判时，真实工资会上升，但是在实际中，真实工资目标值的确定却不能脱离经济背景。或许较高的失业率对于降低工人涨工资的需求是非常有效的，或者我们可以通过假设真实工资和失业率之间的某些关系，使得工会的行为合理化。从工会的角度而言，工资率越高并且失业率越低越好，但是，他们同时也会在高工资率与低失业率之间进行权衡，这些设定所蕴含的观点就是工资曲线（Oswald，1982；Blanchflower and Oswald，1994）。

通过假设真实工资对失业率是敏感的，我们以一种简单的方式清楚地引入了这种讨价还价过程，因此，在均衡中下面的条件是成立的：

$$\omega_1 = p \cdot \gamma \cdot \left(k \cdot (1-u)\right)^{1/\beta} \tag{5-12}$$

在式（5-12）中，β 是非负的参数，它表示真实工资对失业率的敏感性，k是一个常数。需要注意，当 β 足够大，即 $\beta \to \infty$ 时，名义工资率会接近物价指数 $p \cdot \gamma$，我们就得到了式（5-11）中表述的"固定"工资。对于 β 较小的取值，无论多么的小，即在极限意义下，$\beta \to 0$，劳动力价格随着 u 的任何变化而变化幅度越来越大，这就对应着"可变"工资情况，通过计算真实工资关于失业率的弹性 ε，这个现象可以更明显地体现出来。在式（5-12）中，我们基于购买力 γ，定义了真实工资 ω：

$$\bar{\omega} = \frac{\omega_1}{p \cdot \gamma} = k \cdot (1-u)^{1/\beta}$$

这里，关于失业率求导可得：

$$\frac{d\bar{\omega}}{du} = k \cdot \frac{1}{\beta} \cdot (1-u)^{(1-\beta)/\beta}$$

现在我们引入真实工资关于失业率的弹性 ε：

$$\begin{aligned}\varepsilon &= \frac{d\bar{\omega}}{du} \cdot \frac{u}{\bar{\omega}} = k \cdot \frac{1}{\beta} \cdot (1-u)^{(1-\beta)/\beta} \cdot \frac{u}{\bar{\omega}} \\ &= k \cdot \frac{1}{\beta} \cdot (1-u)^{(1-\beta)/\beta} \cdot \frac{u}{k \cdot (1-u)^{1/\beta}}\end{aligned} \tag{5-13}$$

对其进行化简，可以得到：

$$\varepsilon = -\frac{1}{\beta} \cdot \frac{u}{1-u} \tag{5-14}$$

式（5-14）显示，当 $\varepsilon \to 0$ 时，$\beta \to \infty$（固定工资），并且当 $\varepsilon \to \infty$ 时，$\beta \to 0$（可变工资）。例如，对于失业率u=0.06和 $\beta = 3$，弹性的取值为

$\varepsilon = -0.0213$，对于这个弹性值，失业率增长1%（即从6%增长到7%），将会使得真实工资率大约降低0.35%。实际上，根据式（5-13）和式（5-14），可以写出：

$$\frac{d\bar{\omega}}{\bar{\omega}} = \varepsilon \cdot \frac{du}{u} = \left(-\frac{1}{\beta} \cdot \frac{u}{1-u}\right) \cdot \frac{du}{u} = -\frac{1}{\beta} \cdot \frac{du}{1-u}$$

当使用弹性值（$\varepsilon = -0.0213$）、参考的失业率（$u = 0.06$）和失业率的变化（$du = 0.01$）时，就可以得到一系列模拟数值。为对真实工资条件的作用进行评价，我们在表5-1中给出了"低"、"中"、"高"三种失业率 β 的情形下，失业率上升1%时，真实工资随弹性值的变动结果。需要注意的是，当 β 的取值比较大时，真实工资的变化越来越小，这与真实工资法则预测的结果相同。

表5-1　　　　　　　　　　真实工资对失业率的敏感性

弹性			
		失业率	
β	3%	6%	9%
0.5	−0.0619	−0.1277	−0.1978
3	−0.0103	−0.0213	−0.0330
100	−0.0003	−0.0006	−0.0010

失业率增长1%对真实工资的影响

		失业率	
β	3%	6%	9%
0.5	−2.0619	−2.1277	−2.1978
3	−0.3436	−0.3546	−0.3663
100	−0.0103	−0.0106	0.0110

|5.3| 消费技术

在实际应用中，消费者需求商品的数量和企业生产商品的数量不一致是很常见的。[①]为了解释这种不同，我们引入一个看似人为的消费技术设定，将获得单位给定消费商品生产的投入需求进行细化。假设我们有 N 种"生产"商品和 M 种"消费"商品，并且我们进一步假设，在消费商品的生产中不会使用基本生产要素。设 b_{ij} 表示对于得到 1 单位消费商品 j（$j=1$，2，…，M），需要生产商品 i（$i=1$，2，…，N）的数量，在规模报酬不变的条件下，我们可以用 $N×M$ 阶矩阵 B 来表示消费技术，并将此矩阵称为转换矩阵或转移矩阵。根据转移矩阵 B，我们可以利用下式将任意的 $M×1$ 阶消费商品向量 X 转化为 $N×1$ 阶生产商品向量 X'：

$$X' = B \cdot X \tag{5-15}$$

同样地，我们现在也可以区分生产价格和消费价格。给定固定的系数技术 B，任何表示生产价格的 $1×N$ 阶向量 p，可以通过下式转化为表示消费价格的 $1×M$ 阶向量 q：

$$q = p \cdot B \tag{5-16}$$

消费者最优化问题（3-1）就被简单地重新定义，典型的消费者效用函数是基于一个消费商品 M 维向量的，对于给定的要素禀赋向量，预算约束则是由消费价格向量 q 和要素价格向量 ω 定义的。个人需求函数可以被写为 $c_h(q,\omega)$，并且市场需求 $CD(q,\omega)$ 通常是所有消费者个人需求的加总。将式（5-15）写为 $B \cdot CD(q,\omega)$，就可以得到生产商品的最终消费需求。值得注意的是，所有的实际生产活动只发生在生产部门，并且矩阵 B 仅仅是归

---

① 事实上这是数据通常所具有的特征，利用投入—产出方法，我们可以对生产活动进行分类，但是消费者消费的总数据通常遵循不同的预算和支出调查规则。

总不同商品的简单映射。如果产品是同质的，B 将会退化为单位矩阵，同时我们将会返回到标准的一般均衡系统形式。

问题与练习

1.假设公司支付的从价关税率为 r_j，求柯布道格拉斯集合

$$y_j = \mu_j \cdot Q_j^{\alpha_j} \cdot M_j^{(1-\alpha_j)}$$

和 *CES* 集合

$$y_j = \left[\left(\alpha_j \cdot Q_j \right)^\rho + \left(\left(1 - \alpha_j \right) \cdot M_j \right)^\rho \right]^{\frac{1}{\rho}}$$

的阿明顿需求。（中等难度）

2.写出含有关税的政府税收函数表达式，并指出均衡系统（5-9）中的哪个方程将会受到税收的影响。（中等难度）

3.从劳动力供给函数的角度解释失业/实际工资条件，并给出它们的表达式形式。（中等难度）

4.求出均衡系统（5-9）的降维形式。（简单）

5.已知投入—产出矩阵 A 的第 j 列描述了生产 1 单位商品 j 的中间投入技术，考虑将矩阵 A 扩大为包含投资和贸易活动的形式，并尝试在这个新的条件下，重新写出均衡系统方程。（较难）

第6章

数据库和模型校准

在第3章、第4章和第5章中，我们建立了一个基本的但却是逐渐复杂的一般均衡模型。首先通过介绍一个标准教科书中讲述的私有闭合经济，我们说明了不同的模型之间是怎样彼此相互联系的，并构建了可以充分体现和描述市场均衡的方程系统。政府和对外经济部门的加入以及允许失业存在的劳动力市场的修正，更切合实际地阐述了现实经济，并为不同政策问题的研究奠定了基础。但是，在每一个使用的例子中，模型参数的确定是任意的，唯一例外的是单位的选择，其目的是为了得到价格和产出的更简便求解方法。

在一个例子中，我们利用均衡解来构造经济的 *SAM*，它汇集了企业、要素和消费者交易之间的所有均衡值（表3-1）。事实上，*SAM* 也可以被构造，并用于表示接下来每一个更加复杂系统的均衡解。在所有的这些情况中，必须要引入表示政府和对外经济部门活动的新账户。在所有的例子中，常见的出发点是对技术、偏好和行为的描述，再结合参数设定，就可以得到系统方程，由此我们就可以构造出一个 *SAM*。

随意大规模的应用一般均衡模型的必要条件为：其函数形式中参数的

可得性。那么问题出现了，怎样选择或确定模型的参数使得模型可以恰当地表示经济的潜在结构呢？由于 SAM 描述了经济中的所有交易，必要的信息就以某种方式体现在 SAM 结构中，我们所需要做的就是从 SAM 数据中还原出参数，这个过程就称为"校准"（Calibration），通常指的是利用经验性 SAM 得到给定模型结构的参数值，以这种方式模型均衡解还可以重新产生可观测的 SAM 数据。将校准方案与标准统计估计对比的详细讨论可参考 Mansur and Whalley （1984），完整的账户见 Dawkins et al.（2001），应用一般均衡建模实际校准细节的具体实现见 Sancho （2009）。

在本章中，首先将会更详细地讨论 SAM 的结构，以及研究者们在利用原始数据汇编 SAMs 时出现的一些常见问题。接下来我们将会介绍校准技巧，并说明如何从 SAM 的数据出发，构造出基础模型函数形式的参数值。

|6.1| 社会核算矩阵

简而言之，SAM 是一定时期内经济中所有资金流动的表格形式，研究或描述的经济可以是全国性的也可以是区域性的，这取决于读者的兴趣。构造 SAM 的目的是得到关于生产、消费、贸易、投资和政府问题的综合系统，并使之以一致的、闭合的形式出现。一致性需要在微观和宏观两个层面上进行理解，每个经济主体的收入—支出流满足预算约束，即微观经济一致性，并且所有经济主体的资金流动总和满足标准的加总特性，即宏观经济一致性。这种双重一致性对于经济分析建模是必要的，因为这使得研究者可以把实际数据和操作模型相匹配，并且模型的分析结构是基于数据的。数据和建模之间有效结合的可能性是基于大规模 SAMs 的可得性，这些都源于 Sir

Richard Stone 的开创性成果（Stone and Brown，1962；the Nobel lecture in Stone and Corbit，1997）。SAM 工具在政策建模中比较典型的应用可参考 Pyatt（1988）和 Thorbecke（2000）等。

6.1.1 简单的宏观经济 SAM

为了说明 SAM 怎样匹配国民收入和产出等问题，我们考虑如下的一个简单经济的综合会计报表：

（a）$GDP = CD + I + E + X - M$

（b）$GDP = W + K + R_1$

（c）$W + K = CD + S_v + R_2$　　　　　　　　　　　　　　　（6-1）

（d）$D = R_1 + R_2 - E$

（e）$F = X - M$

其中，GDP 表示国内生产总值，CD 表示私人消费，I 表示投资，E 表示政府支出，X 表示出口，M 表示进口，W 表示对劳动力服务的支出，K 表示对资本服务的支出，S_v 表示私人消费，R_1 表示间接税收，R_2 表示收入税，D 表示预算约束，F 表示贸易平衡。上述关系在任何一本标准的宏观经济教科书中都可以找到。

现在我们定义 SAM 中记录'生产活动'收入和支出的账户、生产要素如'劳动力'和'资本'、'消费者'、储蓄和投资的'资本账户'、'政府'和'对外经济部门'——共7个账户。如果我们使用传统的标记方式，即：支出以列的形式记录并且收入以行的形式记录，那么宏观 SAM 的形式如表6-1所示。在这个 SAM 中，A 表示中间交易，为了避免重复，这一项在宏观经济等式中被省略掉。

表6-1 宏观经济社会核算矩阵

		(1)	(2)	(3)	(4)	(5)	(6)	(7)
(1)	生产	A	0	0	CD	I	E	X
(2)	劳动力	W	0	0	0	0	0	0
(3)	资本	K	0	0	0	0	0	0
(4)	消费者	0	W	K	0	0	0	0
(5)	资本账户	0	0	0	S_v	0	D	$-F$
(6)	政府	R_1	0	0	R_2	0	0	0
(7)	对外经济部门	M	0	0	0	0	0	0

分别令 $\sum_i^c$ 和 $\sum_i^r$ 表示 SAM 的第 i 列和第 i 行的加和，利用式（6-1）中的宏观经济等式，容易证明，对于 SAM 表7列中的每一列都有 $\sum_i^c =$ $\sum_i^r$。事实上，由于中间投入 A 的加入，$\sum_1^c = \sum_1^r$ 对应式（6-1）中的（a）和（b），式（c）便对应 $\sum_4^c = \sum_4^r$，"储蓄＝投资"条件则可以通过公式 $\sum_5^c = I = S_v + D - F = \sum_5^c$ 得到清楚解释。上式仅是式（6-1）中的（a）、（b）和（c）的化简和重新组合形式。对于政府账户，$\sum_6^c = E + D = R_1 + R_2 = \sum_6^c$ 对应（d），对外经济部门 $\sum_7^c = X - F = M = \sum_7^c$ 对应（e）。

SAM 中的每一个账户可以被解释为预算约束，并且 $\sum_i^c = \sum_i^r$ 意味着对于每一个账户这种约束是满足的。例如，某企业获得收入的方式可以为：向其他企业出售中间商品 A，向消费者出售最终商品 CD，资本账户为 I，从政府部门获得收入 E，从对外经济部门获得收入 X，所有的这些交易都记录在 SAM 中的第1行中。利用这些收入，企业可以支付雇佣的劳动力 W、使用的资本服务 K、另外还要向政府支付间接税 R_1、由于生产中对商品进口支付对外经济部门 M，这些支出记录在 SAM 中的第1列。再看另外一个例子，消费者的收入包括企业对劳动力的支付 W 和资本服务的支付 K（见第4行），这些被完全用于消费 CD、储蓄 S_r 和缴纳收入税 R_2（见第4列），类似地我们可以分析生产问题。此外，由于平衡项 D 和 F 的加入，政府、对外经济部门和储蓄—投资账户的预算约束都是满足的。总的来说，如果所有 N 个预算约束中，有 $N-1$ 个满足，则总收入必定等于总支出，最后一个预算约束也是满足的，这就是我们所熟悉的一般均衡分析中瓦尔拉斯定律在 SAM 中的体现。

6.1.2 详细的微观经济学 SAM

宏观 SAM 给出了一定时期内所有资金流动的简单表示，它目前的结构可以很容易地被调整，并且更好地表示其中任何一个账户的更详细信息。生产账户可以像投入—产出账户一样，被分解为多个部门分类，要素可以根据性质或生产活动进行类似的分类。消费者可以根据收入或者更详细的社会经济特性进行区分。从预算调查得到的消费模式也可以加入 SAM 结构，为了实现这个目的，我们需要做的就是：在消费和生产商品具有不同分类的条件下，找到一个转移矩阵 B 将消费集合映射到生产集合。在政府账户中，我们可以在间接税中区分出销项税、销售税、要素税和关税；收入税则包括个人收入税和个人社会保险税，如果需要的话我们可以考虑更为细致的分类。政府支出包括商品和服务支出，以及对消费者和企业的转移支付。本质上来说，经验性 SAM 细分程度的唯一限制取决于数据的可得性和质量。

表6-2是表6-1中简单 SAM 的扩展，它包含了对西班牙经济 SAM 中的实际经济结构的描述。西班牙 SAM 的细分数值形式体现在表6-3中。在表6-2中，我们引入了下面的新符号：B 代表转移矩阵，它可以把对消费商品

的消费需求 CD 转化为对生产商品的需求；在政府税收范畴中，我们现在可以区分出 R_p：间接销项税，R_c：间接消费税（消费税和增值税），R_w：雇员支付的工资税，R_h：收入税，R_x：关税，T：政府对消费者的转移支付，以及 T_x：消费者接收的来自国外的汇款。

表6-2 西班牙的 SAM 结构

		(1)	(2)	(3)	(4)	(5)	(6)	(7)	(8)
(1)	生产商品	A	B	0	0	0	I	E	X
(2)	消费商品	0	0	0	0	CD	0	0	0
(3)	劳动力	W	0	0	0	0	0	0	0
(4)	资本	K	0	0	0	0	0	0	0
(5)	消费者	0	0	$W - R_w$	K	0	0	T	T_x
(6)	资本账户	0	0	0	0	S	0	D	$-F$
(7)	政府	R_p	R_c	R_w	0	R_h	0	0	R_x
(8)	对外经济部门	$M + R_x$	0	0	0	0	0	0	0

在表6-2所示结构的基础上，通过生产和消费商品账户的分解，可以将其扩展为数值型的 SAM，如附录中表6-3所示。SAM 中包含了3个生产部门——农业、工业和服务业，然后我们又区分出了3种不同类型的消费商品——非耐用品、耐用品和个人服务。消费者则根据年龄划分为3类——青年人、中年人和老年人。对外经济部门被分为2个贸易领域：欧洲（EU）和世界其他地区（ROW），关税也进行了同样的区分。为了清楚解释不同的税收方式和它们在支出账户间的分配，数值 SAM 包含7个税收账户，可以把税收收入合理地转化为政府账户。

西班牙 SAM 的一些方面还需要进行解释。首先，我们需要注意，所有的资本收入都归于消费者，因此，政府没有储蓄。换言之，所有的留存利润作为个人储蓄被分配给消费者。这种设定与一般均衡模型的静态特征以及完全竞争假定有关。由于消费者拥有所有的资本，任何保留资金收入将会降低当前的效用，而且也不会增加未来的效用。通过把所有的收入分配给消费者，并让他们自己决定未来的消费需求，可以解决上述问题。

其次，政府对企业的支出——补贴，并没有明确地出现在 SAM 中，这是因为补贴作为负税收，在销项税账户中被相应地抵销了。

最后，不同于其他的 $SAMs$，消费税和增值税被分配到消费商品而不是消费者上，这个设定决定了我们能够得到特定的商品税率，而不是个人消费税率。同样地，这仅仅是为了税收政策模拟的方便。

6.1.3 汇总 SAM

令社会核算矩阵（SAM）使用者和研究者们遗憾的是，国家统计机构正式公布的 $SAMs$ 并不常见。因此，$SAMs$ 的汇编需要借助各种出版的和未出版的（根据要求是可得的）经济数据，包括国民收入和生产账户（$NIPA$）、投入—产出表（IOT）、预算调查和一些税收、人口统计数据和社会经济数据。简单观察一下表6-2和表6-3中的 SAM，我们可以清楚地看到这些数据资源是怎样符合 SAM 的完整结构的。但是在实际中，每个数据块的编辑需要使用不同的估计方法，并且数据来源的一致性通常是不能实现的。预算调查、投入-产出表和国民收入账户信息之间经常会发生分歧。例如，预算调查中的支出和收入水平可能会整体低于 IOT 和 $NIPA$ 中提供的信息，这种分歧的原因可以追溯到不同的估计方法、不同的商品评价或者是过分谨慎的消费者在报告时普遍降低支出数据造成的。类似地，贸易的 $NIPA$ 数据通常和部门数据是不一致的，投入-产出增加值数据也可能与 $NIPA$ 中对应部分不相等。

因此，为了实现 *SAM* 中微观和宏观的一致性，我们通常需要可得数据来源之间的调平。但是，没有实现这种调平的确定标准程序，在这里我们仅提供一些基础的参考。当对给定问题提供不同的估计结果时，我们必须选择其中一个，在某种意义上，这就意味着认为这个估计是"正确"的，更确切地说，把它作为"最好"的一个，然后再对其他数据进行调整。如果我们确信 *NIPA* 最准确地表达了私人消费总数据，我们就可以利用这个估计来调整各类消费者的消费数据以适应 *NIPA* 值。当消费者可以得到最近的 *NIPA* 数据，但是相同时期内的个人消费数据不可得时，就会出现类似的问题。同样地，求解是为了更新个人数据，直到和总数值一致为止。在两种情况下，必须要保持消费率是可得的，同时调整它们的值以实现和选定的基础数据之间的一致性。

事实上，这是 Reiner and Roland-Holst（1992）在建立美国 *SAM* 时提及并广泛使用的程序。他们从一系列完整的宏观经济等式出发，为进一步分解提供了基础数据。根据中间活动的投入—产出数据、增加值和预算数据，他们利用隐形的比例因子把原始数据放大或缩小为 *NIPA* 值。但是 *SAM* 向量或子矩阵每调整一次，一些新的数据分歧就会出现，这些是由于部分调整导致的。因此，行和与列和有可能会不同，这时则需要一个新的数学调整方式，即通常会采用 *RAS* 方法（Bacharach，1965，1970）来实现总的一致性。当更新的行和与列和已知，但是新的个体信息未知时， *RAS* 方法是推算表格或矩阵数据的重要方法。这种方法是以与总量值一致的方式调整原来的矩阵元素，最终的结果是一个全新的矩阵，它的结构和原来的矩阵结构相同，但是却具有新数据。事实上，这是非常显而易见的。这种调整可以根据矩阵中的总量值或根据一些参数来进行。根据矩阵调平得到的结果并不像 Robinson et al.（2001）得到的结果那么清楚。在 *SAMs* 被用于实证数据分析的过程中，一些问题也会出现，例如采用更新程序调平后的 *SAM* 为基础进行建模时，可能会导致报告结果的变化。Cardenete and Sancho（2004）研究了这个问题，他们说明了仿真结果对 *SAMs* 的选择是充分稳健的。

目前，汇总 *SAMs* 的艰巨任务仍然主要由一小部分研究人员承担，为了响应标准欧洲系统账户（*ESA - 95*），欧盟的一些国家强制出版综合的同一标准的国民经济账户和投入—产出表，但是这个问题仍然没有得到突破性的进展。当非常详细的信息可得时，如果存在数据分歧的话，在较简单的发展阶段就可以被解决了，而不是对给定的数据集采取事后调整。并且，这对于建立 *SAM* 具有极大的帮助，也是正确方向上至关重要的一步，当然我们仍然要做一些调整，使得预算数据合并到含有基础数据的基本框架中。只要国家统计机构没有公布标准化和综合化的 *SAM* 时，掌握有限信息资源的学者将会承担汇编 *SAMs* 的成本，并且这是一个非常乏味且耗费时间的任务。不幸的是，目前仍没有被一致认可的构建 *SAM* 的方式，因为不同国家数据来源的多样性和可得性存在较大差异，世界上的每一个国家或地区都有自己本身独特的程序和规则。关于构建 *SAM* 的策略、问题和可能出现解的详细阐述见 Keuning and Ruitjer（1988）。

|6.2| 校　准

我们可以看到，给定的模型结构和函数形式的模型参数集合可以产生 *SAM*，并把它作为均衡状态的描述。在这一部分，我们采取相反的路线，讨论把模型结构和 *SAM* 相结合来求得必要参数。虽然与此前确定模型参数的统计方法有所不同，但校准方法本质上也是一种确定性程序。把一般均衡模型校准为 *SAM*，就意味着选择参数重新产生 *SAM* 中的各项作为均衡。为了实现这个目标，基期 *SAM* 的使用需要结合所选的模型结构，以及消费者和企业追求的效用和利润最大化的假设条件等。

使用 SAM 数据时常见的问题是，所有数据都是以基期货币单位的形式进行表示的。SAM 中的每个元素都是价值量，并且一般情况下，我们不可能将价格和实物量分离。解决这个问题的独创性方法就是重新定义实物单位，以这种方式，1单位的值等于1单位货币，简单地把观测值数据作为物理量，即价格为1，就可以完成这个工作。当然，这个新的单位的存在不是必需的，它的目的仅仅是得到一个更简便的方式来使用 SAM 中的数据。假设我们有数值量 V 的观测值，并且我们知道它是价格 p 和数量 Q 的乘积，即 $V=p\cdot Q$，假设 p = €10/每千克，并且 $Q=100$ kg，因此观测值为 V= €1 000。对于价格 p' 和数量 Q'，无论新的单位是什么，$V=p'\cdot Q'$ 仍然是成立的；如果我们令 $Q'=V$，则必然有 $p'=$€1，这就隐含地意味着我们在使用新的测量单位，在本例中恰好是十进制系统单位"百克"（hg），因此，$Q'=1\,000$hg，并且 $p'=$€1/每百克。因此，使用 SAM 数据进行校准就近似于令所有潜在的价格等于统一的价格，这种标准化是非常方便的，结果表明它在应用建模中非常有用。

现在我们来看校准效用函数和生产函数结构参数的具体例子。

6.2.1 柯布道格拉斯效用函数的校准

我们假设消费者 h 对 M 种消费商品具有柯布道格拉斯偏好，即：

$$u(c_1,c_2,...,c_M) = \prod_{j=1}^{M} c_j^{\beta_j} \qquad (6-2)$$

为了表示简便，我们省略了相同的消费者下标 h。对于净收入为 R 并且面对消费价格向量为 $q=(q_1,...,q_j,...,q_M)$ 的消费者，现在可以建立效用最大化问题，并求得需求函数：

$$c_j(q,R) = \frac{\beta_j \cdot R}{q_j} \qquad\qquad (6-3)$$

进而可得：

$$\beta_j = \frac{q_j \cdot c_j(q,R)}{R} \qquad\qquad (6-4)$$

因此，如果我们知道净收入 R 和商品 j 的支出 $q_j \cdot c_j(q,R)$，就可以得到 β_j。但是这些信息很容易从 SAM 中获得。例如，对于表6-3所示的 SAM 中的年轻消费者，我们有：

$$R = \sum_k SAM(\text{'青年人'},k) - SAM(\text{'政府'},\text{'青年人'}) - SAM(\text{'资本账户'},\text{'青年人'})$$

$$q_1 \cdot c_1(q,R) = SAM(\text{'非耐用品'},\text{'青年人'})$$

$$q_2 \cdot c_2(q,R) = SAM(\text{'耐用品'},\text{'青年人'})$$

等。例如，β_1 的校准值为：

$$\beta_1 = \frac{q_1 \cdot c_1(q,R)}{R} = \frac{169.21}{844.89 - 103.04 - 141.40}$$
$$= 0.2818$$

需要注意的是，在消费者效用最大化问题中，我们并没有确定最优储蓄。

根据柯布道格拉斯效用函数，我们可以得到一个确定效用参数的简单方式，但是建模时需要在它们的简易性和局限性之间进行权衡。

6.2.2 柯布道格拉斯生产函数的校准

在基础模型中，企业生产的"复合要素"增加值，把两种生产要素和规模报酬不变（即 $\alpha_1 + \alpha_2 = 1$）柯布道格拉斯技术结合在一起，即：

$$VA = \mu \cdot x_1^{\alpha_1} \cdot x_2^{\alpha_2} \qquad\qquad (6-5)$$

其中，VA 是增加值，x_1 表示劳动力，x_2 表示对资本服务的使用。同样地，为了符号表示的简便性，我们省略了表示企业的下标。在这里，校准要求确定 μ，α_1 和 α_2，规模报酬不变意味着我们只需要确定其中的 2 个参数：μ 和 α_1、α_2 其中的任意一个。

如果我们确定并求得成本最小化问题：

目标函数为：$Min\ \omega_1 \cdot x_1 + \omega_2 \cdot x_2$

约束条件为：$VA = \mu \cdot x_1^{\alpha_1} \cdot x_2^{\alpha_2}$ (6-6)

式（6-6）所示问题的一阶条件意味着：

$$\frac{\omega_1}{\omega_2} = \frac{\alpha_1 \cdot x_2}{\alpha_2 \cdot x_1}$$ (6-7)

因此，

$$\frac{\alpha_1}{\alpha_2} = \frac{\omega_1 \cdot x_1}{\omega_2 \cdot x_2}$$ (6-8)

式（6-8）右边项的分子和分母对应 SAM 中记录的交易值，因此，根据公布的数据，我们可以确定 α_1 和 α_2 之间的比率。再结合规模报酬不变的假设，就可以确定 α_1 和 α_2 参数的值。另外，为了获得参数 μ 的值，我们需要求解问题（6-6）得到柯布道格拉斯成本函数：

$$C(\omega; VA) = \mu^{-1} \cdot \alpha_1^{-\alpha_1} \cdot \alpha_2^{-\alpha_2} \cdot \omega_1^{\alpha_1} \cdot \omega_2^{\alpha_2} \cdot VA$$ (6-9)

因为我们隐含地选择了价值单位等于 1 货币单位，换言之，我们令 $\omega_1 = \omega_2 = 1$，并且 $C(1; VA) = VA$，从而 μ 可以采用下式计算：

$$\mu = \alpha_1^{-\alpha_1} \cdot \alpha_2^{-\alpha_2}$$ (6-10)

需要注意的是，校准仅需要使用 2 个独立的观测值（$\omega_1 \cdot x_1$ 和 $\omega_2 \cdot x_2$，因为 $VA = \omega_1 \cdot x_1 + \omega_2 \cdot x_2$）来确定 2 个独立的参数，即 μ 和 α_1。第 1 生产部门的柯布道格拉斯增加值函数中生产参数的定义如下，首先我们根据 SAM 确定合适的数值：

$$\omega_1 \cdot x_1 = SAM(\text{'劳动力', '农业'}) = 548.70$$

$$\omega_2 \cdot x_2 = SAM(\text{'资本', '农业'}) = 1\,727.25$$

根据这些数值我们可以求得所需的比率:

$$\frac{\alpha_1}{\alpha_2} = \frac{\omega_1 \cdot x_1}{\omega_2 \cdot x_2} = \frac{548.70}{1\,727.25} = 0.3177$$

因为 $\alpha_1 + \alpha_2 = 1$,可以求得 $\alpha_1 = 0.2411$, $\alpha_2 = 0.7589$ 。最后,得到其他参数的值:

$$\mu = \alpha_1^{-\alpha_1} \cdot \alpha_2^{-\alpha_2} = 1.7373$$

从而可以得到完整的复合要素生产函数,我们称之为部门 1 (SAM 中的 '农业') 的增加值。或者,一旦我们确定了参数 α_j ,并利用从 SAM 中得到的值: $VA = x_1 + x_2 = 548.70 + 1\,727.25 = 2\,275.95$,就可以根据式(6-6)中生产函数的定义求得参数 μ 的值:

$$\mu = \frac{VA}{x_1^{\alpha_1} \cdot x_2^{\alpha_2}}$$

读者可以证明上述两种方法,得到和我们相同的结果。我们把剩余的 2 个柯布道格拉斯生产函数的校准问题准备留给读者作为练习。

6.2.3 CES 生产函数的校准

现在假设我们希望修改增加值生产函数,使之包含更广泛的技术替代可能性,为此,我们假定常替代弹性(CES)生产函数如下所示:

$$VA = \mu \cdot \left[(\alpha_1 \cdot x_1)^\rho + (\alpha_2 \cdot x_2)^\rho \right]^{\frac{1}{\rho}} \tag{6-11}$$

其中, $\rho = (\sigma - 1)/\sigma$, σ 表示劳动力 x_1 和资本 x_2 之间的替代弹性。这里,对于柯布道格拉斯情形,我们只能使用 2 个独立的数据观测值,但是现在有 4 个参数需要被确定。通过把式(6-11)重新写为如下的形式,可以降低自由度：

$$VA = \left[(\tilde{\alpha}_1 \cdot x_1)^\rho + (\tilde{\alpha}_2 \cdot x_2)^\rho \right]^{\frac{1}{\rho}} \tag{6-12}$$

其中，$\tilde{\alpha}_1 = \mu \cdot \alpha_1$，并且 $\tilde{\alpha}_2 = \mu \cdot \alpha_2$。因此，不失一般性地，可以假设 $\mu = 1$。但是这样仍然存在3个参数和2个观测值，我们需要外生地确定其中1个参数。如果存在替代弹性的独立计量经济估计方法，那么确定参数 ρ 就是一个自然的选择。

我们现在确定新的成本最小化问题：

目标函数为：$Min\ \omega_1 \cdot x_1 + \omega_2 \cdot x_2$

约束条件为：$VA = \left[(\alpha_1 \cdot x_1)^\rho + (\alpha_2 \cdot x_2)^\rho \right]^{\frac{1}{\rho}} \tag{6-13}$

利用一阶条件得到：

$$\frac{\omega_1}{\omega_2} = \frac{\alpha_1 \cdot (\alpha_1 \cdot x_1)^{\rho-1}}{\alpha_2 \cdot (\alpha_2 \cdot x_2)^{\rho-1}} \tag{6-14}$$

在式（6-14）的两边同时乘以 $(\omega_1 / \omega_2)^{\rho-1}$ 并对其进行化简，可以得到：

$$\frac{\alpha_1}{\alpha_2} = \frac{\omega_1}{\omega_2} \cdot \left[\frac{\omega_2 \cdot x_2}{\omega_1 \cdot x_1} \right]^{\frac{\rho-1}{\rho}} \tag{6-15}$$

由于我们选择了单位 $\omega_1 = \omega_2 = 1$，另外，可以根据 SAM 得到 $\omega_i \cdot x_i$，因此，可以确定比率 α_1 / α_2。通过进一步的计算，可以得到 CES 成本函数：

$$C(\omega; VA) = \left[\left(\frac{\omega_1}{\alpha_1} \right)^\tau + \left(\frac{\omega_2}{\alpha_2} \right)^\tau \right]^{\frac{1}{\tau}} \cdot VA \tag{6-16}$$

其中，$\tau = \rho / (\rho - 1)$。通过选择单位 $\omega_1 = \omega_2 = 1$ 并令 $C(1; VA) = VA$，同样可以得到单位要素价格。因此，根据式（6-16）可以推导出：

$$\alpha_1^{-\tau} + \alpha_2^{-\tau} = 1 \tag{6-17}$$

式（6-15）和式（6-17）使得我们对于给定的替代弹性 σ，能够确定 CES 增值函数中 α_1 和 α_2 参数值。例如，就西班牙数据而言，假设替代弹性为 $\sigma = 0.5$，进行部门 1 中 CES 生产技术参数的校准，可以求得参数 $\rho = (\sigma - 1)/\sigma = -1$，以及 $\tau = \rho/(\rho - 1) = 0.5$。

现在我们利用从 SAM 中得到的数据和 ρ 的值，确定式（6-15）提到的比率：

$$\frac{\alpha_1}{\alpha_2} = \frac{\omega_1}{\omega_2} \cdot \left[\frac{\omega_2 \cdot x_2}{\omega_1 \cdot x_1} \right]^{\frac{\rho-1}{\rho}} = \frac{1}{1} \cdot \left[\frac{SAM(\text{'资本'，'农业'})}{SAM(\text{'劳动力'，'农业'})} \right]^{\frac{-1-1}{-1}}$$

$$= \left[\frac{1\,727.25}{548.70} \right]^2$$

$$= 9.9092$$

将这个值代入式（6-17），可得：

$$\alpha_1^{-\tau} + \alpha_2^{-\tau} = (9.9092 \cdot \alpha_2)^{-0.5} + (\alpha_2)^{-0.5} = 1$$

求解 α_2，得到 $\alpha_2 = 1.7363$，从而 $\alpha_1 = 17.2050$，那么部门 1 的 CES 生产函数就完全被确定。

6.2.4　存在税收条件下的校准

在前面的例子中，无论对于柯布道格拉斯生产函数还是 CES 生产函数，校准程序都是非常简单的，因为为了简便我们忽略了一个事实，劳动力和资本都会受到税收的影响，即忽略了 SAM（'劳动力'，'农业'）和 SAM（'资本'，'农业'）数据包含了税收项。在使用它们时好像税收并没有出现，但是事实上，间接税会影响成本结构。下面考虑政府向企业征收劳动力和资本的使用税时，就出现了这种可能性，这恰恰是西班牙 SAM 中的情况。这里我们会核查'劳动力'和'资本'账户向'政府'账户支付税收，其中，对于劳动力要素情况，这种支出对应雇主支付的社会保险税。

令 t_1 和 t_2 分别表示使用劳动力和资本的从价税率，从而劳动力和资本的含税价格分别为 $\omega_1 \cdot (1+t_1)$ 和 $\omega_2 \cdot (1+t_2)$。对于柯布道格拉斯技术，根据成本最小化问题的一阶条件，我们可以得到上述式（6-8）的等价表达式：

$$\frac{\alpha_1}{\alpha_2} = \frac{\omega_1 \cdot (1+t_1) \cdot x_1}{\omega_2 \cdot (1+t_2) \cdot x_2} \tag{6-18}$$

其中，成本函数变为：

$$C(\omega; VA) = \mu^{-1} \cdot \alpha_1^{-\alpha_1} \cdot \alpha_2^{-\alpha_2} \cdot \left(\omega_1 \cdot (1+t_1)\right)^{\alpha_1} \cdot \left(\omega_2 \cdot (1+t_2)\right)^{\alpha_2} \cdot VA \tag{6-19}$$

式（6-18）的分子对应劳动力的总税收支出，根据 SAM 数据可知这是一个已知量；分母也是已知的，并记录在 SAM 中。因为 CRS 假设固定了比率 α_1/α_2，这也就确定了 α_1 和 α_2 的值。另一方面，校准仍然要求 $\omega_1 = \omega_2 = 1$，并且令生产增加值（VA）货币单位成本的增加恰好等于增值量，即 $C(1; VA) = VA$。

因此，根据式（6-19），现在可以得到参数 μ 的表达式为：

$$\mu = \alpha_1^{-\alpha_1} \cdot \alpha_2^{-\alpha_2} \cdot (1+t_1)^{\alpha_1} \cdot (1+t_2)^{\alpha_2} \tag{6-20}$$

需要注意，当税收值为 0 时，式（6-20）就变成了式（6-10）。以部门 1 中生产函数所有参数的计算为例，根据式（6-18）和 CRS 条件，可以得到参数 α_1 和 α_2：

$$\frac{\alpha_1}{\alpha_2} = \frac{\omega_1 \cdot (1+t_1) \cdot x_1}{\omega_2 \cdot (1+t_2) \cdot x_2} = \frac{SAM('劳动力', '农业')}{SAM('资本', '农业')}$$

$$= \frac{548.70}{1\,727.25}$$

在这里仍然可以得出 $\alpha_1 = 0.2411$，$\alpha_2 = 0.7589$。为了得到 μ 我们首先需

要计算出税率 t_1 和 t_2，因为 SAM 中包含使用要素向政府的支付数据，这些比率可以直接从 SAM 中获得。例如，间接的劳动力税率可以很容易地被计算出来，因为我们知道对劳动力的总收入和劳动力税收：

$$t_1 = \frac{SAM(\text{'政府'}, \text{'劳动力'})}{SAM(\text{'劳动力'}, \text{'农业'}) + SAM(\text{'劳动力'}, \text{'工业'}) + SAM(\text{'劳动力'}, \text{'服务业'})}$$

$$= \frac{3\,994.34}{548.70 + 6\,051.82 + 9\,093.90}$$

$$= 0.3250$$

类似地，根据 SAM 中关于资本的数据，可以求得第 2 个税率为 $t_2 = 0.0307$。把这些所有的值代入式（6-20），我们可以得到规模参数的值为 $\mu = 1.9024$。现在，怎样保证校准是正确的呢？答案非常的简单，如果校准是正确的，生产函数应该可以重新生成 SAM 中的数据。现在我们的检验结果确实如此，首先根据 SAM 表查找并记录'农业'的总增加值数据，其表达式为：

$$VA = SAM(\text{'劳动力'}, \text{'农业'}) + SAM(\text{'资本'}, \text{'农业'}) = 2\,275.95$$

其次，我们根据校准的生产函数计算增加值。为此，需要劳动力和资本的实际值作为投入，即 x_1 和 x_2。对于劳动力投入，我们知道 $\omega_1 \cdot (1 + t_1) \cdot x_1 = SAM(\text{'劳动力'}, \text{'农业'}) = 548.70$，因此，

$$x_1 = \frac{SAM(\text{'劳动力'}, \text{'农业'})}{\omega_1 \cdot (1 + t_1)}$$

$$= 414.1131$$

因为我们已知分子、劳动力的税率 t_1 和选择的单位基准 $\omega_1 = 1$，这就意味着可以实现校准。同样地，对于资本投入，可以得到 $x_2 = 1\,675.8187$，把所有的这些已知量代入增加值生产函数，则有：

$$VA = \mu \cdot x_1^{\alpha_1} \cdot x_2^{\alpha_2} = (1.9024) \cdot (414.1131)^{0.2411} \cdot (1675.8187)^{0.7589} = 2\,275.95$$

结果表明，验证全部正确。

现在我们来看 CES 生产函数，根据成本最小化问题的一阶条件，可以得到：

$$\frac{\alpha_1}{\alpha_2} = \frac{\omega_1 \cdot (1 + t_1)}{\omega_2 \cdot (1 + t_2)} \cdot \left[\frac{\omega_2 \cdot (1 + t_2) \cdot x_2}{\omega_1 \cdot (1 + t_1) \cdot x_1}\right]^{\frac{\rho - 1}{\rho}} \tag{6-21}$$

并且 CES 成本函数为：

$$C(\omega; VA) = \left[\left(\frac{\omega_1 \cdot (1 + t_1)}{\alpha_1}\right)^{\tau} + \left(\frac{\omega_2 \cdot (1 + t_2)}{\alpha_2}\right)^{\tau}\right]^{\frac{1}{\tau}} \cdot VA \tag{6-22}$$

仍然令 $\omega_1 = \omega_2 = 1$，$C(1; VA) = VA$，并利用校准税率 t_1 和 t_2，根据式（6-21）和式（6-22）可以求得 α_1 和 α_2，读者可以验证这些值的结果为 $\alpha_1 = 22.7967$，$\alpha_2 = 1.7895$。再结合 CES 参数，并把它们代入增加值 CES 生产函数（6-12）中，其中劳动力和资本投入分别为 $x_1 = 414.1131$，$x_2 = 1\,675.8187$，从而可以确切地得到 SAM 中'农业'部门所记录的增加值，即 $VA = 2\,275.95$，这就是正确实现校准所预期的结果。

6.2.5　不变参数技术的校准

当我们确定了投入—产出矩阵 A 和转换矩阵 B 时，经济中的生产方行为才能被完全确定。对于每一个生产部门 j，总产出 y_j 由行和或列和给出，并且这些数据包含国外产出。在计算投入—产出矩阵时，因为投入—产出系数表示单位国内产出的中间需求，那么我们需要从总产出中减掉进口，从而得到国内产出 Q_j。令 $SAM(i,j)$ 表示 SAM 中第 i 行和第 j 列的数据值，采用该表示方法，得到国内总产出（即总产出值与总关税、进口值之间的差）的表达式为：

$$Q_j = y_j - M_j - R_{xj} = \sum_{i=1}^{20} SAM(i,j) - \sum_{k=17}^{20} SAM(k,j) \qquad (6-23)$$

其中，3个生产部门分别为 $j=1,2,3$。因此，投入—产出系数矩阵 A 为：

$$A = \{a_{ij}\} = \left\{ \frac{SAM(i,j)}{Q_j} \right\} \qquad (6-24)$$

其中，$i,j=1,2,3$。例如，系数 a_{12} 的值为：

$$a_{12} = \frac{SAM(1,2)}{Q_2} = \frac{2\,203.51}{37\,410.96 - 3\,216.67 - 249.20 - 2\,552.62 - 116.84}$$
$$= 0.0705$$

相应地，转移矩阵 B 的形式为：

$$B = \{b_{ij}\} = \left\{ \frac{SAM(i,j)}{\sum_{k=1}^{3} SAM(k,j) + SAM(14,j) + SAM(15,j)} \right\} \qquad (6-25)$$

其中，$i=1,2,3$，$j=4,5,6$。分母包括税收支出（增值税和消费税），它与每种商品的购买和消费有关。例如，我们还可以写出参数 b_{14} 的数值：

$$b_{14} = \frac{SAM(1,4)}{SAM(1,4) + SAM(2,4) + SAM(3,4) + SAM(14,4) + SAM(15,4)} = \frac{993.28}{8\,063.85}$$
$$= 0.1232$$

6.2.6　税率的校准

根据消费者效用最大化问题和企业成本最小化问题中出现的相关财税参数，我们对效用和技术的结构参数进行补充。这些参数对于确定经济中的最优消费和生产计划，以及构建政府税收的基本政策向量至关重要。基于政府的实际税收集，所有的税率被计算为平均有效税率。在校准税率时，利用税收函数计算出的政府总税收一定等于实际税收。任何漏税行为被认为是中立的，即漏税现象均匀地分布在不同的商品、服务和消费者中。

我们使用下面的符号表示不同的税收方式，它们可以由 SAM 中记录的税收数据计算出来，并且所有的下标现在指的是表 6-3 中数值 SAM 的不同账户：

τ_j：商品 j 的销项税率（ $j=1,2,3$ ）

t_k：使用要素 k 的要素税率（ $k=7,8$ ）

e_i：消费商品 i 的消费税率（ $i=4,5,6$ ）

vat_i：消费商品 i 的增值税率（ $i=4,5,6$ ）

r_j^E：欧洲进口商品 j 的关税税率（ $j=1,2,3$ ）

r_j^R：其他世界进口商品 j 的关税税率（ $j=1,2,3$ ）

m_h：消费者 h 的个人所得税率（ $h=9,10,11$ ）

我们首先说明怎样计算销项税率：

$$\tau_j = \frac{SAM(16,j)}{Q_j - SAM(16,j)} \quad (j=1,2,3) \tag{6-26}$$

其中，分子为企业生产部门 j 支付的税收，分母为国内产出，如式（6-23）所示，我们假设 2 种要素劳动力和资本是同质的，并且共同的部门税率为：

$$t_k = \frac{SAM(13,k)}{\sum_{j=1}^{3} SAM(k,j) - SAM(13,k)} \tag{6-27}$$

其中，分子为劳动力税收，分母表示对劳动力的支出。回忆一下在前面的章节里，我们曾利用 SAM 税收数据来计算这 2 个税率。

我们认为存在 2 种消费税：特定商品（如：非耐用品账户中的酒精饮料和石油产品）的消费税、交易最后的增值税。这 2 种形式的税收都是以从价税率征收并且是累积的。因此，我们首先需要从总税收支出中分解出所有的消费税，并得到所谓的消费税税率，然后再分离出唯一的增值税来计算增值税税率。因此，消费税税率为：

$$e_i = \frac{SAM(14,i)}{\sum_{j=1}^{3} SAM(j,i)} \quad (i=4,5,6) \tag{6-28}$$

增值税税率的计算形式为：

$$vat_i = \frac{SAM(15,i)}{\sum_{j=1}^{3} SAM(j,i) + SAM(14,i)} \quad (i=4,5,6) \tag{6-29}$$

现在我们利用记录的 SAM 数据对非耐用品（$i=4$）进行计算，则消费税税率为：

$$e_4 = \frac{SAM(14,4)}{\sum_{j=1}^{3} SAM(j,4)} = \frac{73.05}{993.28 + 3\,837.61 + 21\,854.42}$$

$$= 0.0098$$

即 0.98%。依次地，增值税的形式为：

$$vat_4 = \frac{SAM(15,4)}{\sum_{j=1}^{3} SAM(j,i) + SAM(14,4)} = \frac{574.49}{7\,416.31 + 73.05}$$

$$= 0.0767$$

为了保证税收校准可以正确地实现，我们将会核查税收的验算是正确的。在施加任何的消费税之前，非耐用品的总销售额达到了 7 416.31，当对此项实施消费税率 e_4 时，就得到了总消费税，即 $73.05 = e_4 \cdot 7\,416.13$。然后，我们在净税收销售额与消费税之和的基础上计算增值税率 vat_4，即 $574.49 = vat_4 \cdot (7\,416.31 + 73.05)$，验证结果表明校准是正确的。

此外，还有 2 个贸易伙伴的关税率，欧洲和其他世界的关税率可以表示为海关税收对净海关进口的比率：

$$r_j^E = \frac{SAM(18,j)}{SAM(17,j)} \quad (j = 1,2,3)$$

$$r_j^R = \frac{SAM(20,j)}{SAM(19,j)} \quad (j = 1,2,3) \tag{6-30}$$

最后，收入税率的计算是稍微复杂的，因为我们需要考虑哪些收入来源是需要收税的。例如，在西班牙，政府以失业救济金的形式对消费者的转移支付是免税的。另外，雇员支付的社会保险税是需要推断的。收入税率的计算需要考虑这些特殊情况，从而更精确地定义应税基数。由于微观 SAM 分解程度的限制，没有提供关于这些问题的详细信息，为了简单起见，假设所有的消费者收入都是收税的，并且假设平均税率和边际税率相等。在这些简单的假设条件下，则有：

$$m_h = \frac{SAM(13,h)}{\sum_{j=1}^{20} SAM(h,j) - SAM(13,h)} \quad (h = 9,10,11) \tag{6-31}$$

现在以年轻的消费者（ $h = 9$ ）为例，他向政府交纳的总收入税为 $SAM(13,9) = 103.04$ ，但是他的所有收入来源（包括出售生产要素、来自政府和国外的转移支付）总值为 $\sum_{j=1}^{3} SAM(9,j) = 844.89$ ，那么现在可以迅速地计算出年轻消费者的校准收入税率：

$$m_9 = \frac{103.04}{844.89 - 103.04} = 0.1389$$

需要注意，上述所有与校准有关的计算，都可以通过自然而系统的方式扩展到更为细分的 SAM 数据。

|6.3| 本章小结

社会核算矩阵是一个清晰而细化的数据库，它提供了特定时期内经济结构的详细描述。*SAM* 是一种可以综合统计信息的有效核算工具，这些信息通常出自复杂并且有时矛盾的数据来源，如国民核算账户、投入—产出表和消费、收入调查。*SAM* 实际上是收入支出流的完整微观经济学描述。但是，在这里我们更强调使用 *SAM* 作为一般均衡模型的数据基础，以及把 *SAM* 中的数据转化为实证模型参数的程序，这就是所谓的校准方法。

校准利用 *SAM* 中的数据、模型的结构、效用和利润最大化问题的约束条件，从而可以得到一系列的系数和参数，各系数或参数的基本特征为：把它们代入模型的方程中，*SAM* 数据库恰好可以作为均衡被重新产生。有时，仅根据一般均衡模型的结构，*SAM* 数据并不足以产生所有的参数，这就是 *CES* 效用函数或生产函数的情况，其中的弹性值需要外生确定。弹性值可以借鉴计量经济学文献中的取值，采用其他方法估计，或者基于经验判断等方式被简单地确定。当我们根据 *SAM* 数据从外部确定弹性或其他参数时，校准程序会调整其他的参数，从而重新产生基准数据作为均衡。

采用校准方法确定参数有时会被认为是应用一般均衡建模的一种缺点，因为它不能提供关于估计参数，或者更进一步说，利用这些参数得到仿真结果的质量或可靠性方面的信息。但是，另一方面，我们能否得到其他替代的估计程序？应用一般均衡模型一般在规模上是比较大的，由于缺乏足够多的数据，这使得经典的计量经济学估计变得十分困难，或者是不可行的。因为信息的限制，利用可得的弹性系数进行估计和校准很明显是一个折中的解法，但是其具备的优点是把大量关于经济的结构信息——*SAM* 和外生选定的参数结合起来，而这些参数反映了约束模型变量关系的统计规则。第二个要考虑的问题是模型结果是稳健还是不稳健的，这些结果是模型以特定的方式进行数值计算得到的。一种选择就是以某种方式使这些模型随机化，或者更具体地说，随机化其中的一些参数，并与根据基准仿真得到的结果（Harrison and Vinod，1992；Harrison et al.，1993）进行对比，重新检验结果的变异程度。相反，Kehoe et al.（1995）通过把模型结果和现实世界情形进行比较，研究了应用一般均衡模型的有效性。例如，他们在更新模型的一些内部特性以捕捉外界变化之后，得出结论认为：这些模型对于有税收政策评估的情况是相当稳健的。最后，Cardenete and Sancho（2004）在给定的政策下，利用不同方式构造 *SAM* 数据库，检验了模型结果。他们也同样证明了结果是非常稳健的，并且如果模型表示相同的潜在总数据结构，那么，数据库的选择不会成为获得良好政策评估的障碍。

问题与练习

1.利用第 3 章中简单模型的函数形式和表 3-1 所示的 *SAM* ，对简单模型进行校准，并证明校准参数和例子中选择的参数是一致的。（中等难度）

2.假设 *CES* 生产函数具有 *K* 种要素：

$$VA = \left[\sum_{i=1}^{K} (\alpha_i \cdot x_i)^\rho \right]^{1/\rho}$$

试说明在校准时，这个函数对于观测数据 $(VA, \omega_i \cdot x_i)$ 和外生给定的 ρ（或 τ），系数 α_i 的表达式可以写为：（较难）

$$\alpha_i = \left[\frac{VA}{\omega_i \cdot x_i}\right]^{1/\tau}$$

3. 对于同样的 *CES* 生产函数，请说明如果对使用要素 i 征收的税收为 t_i，则有：（中等难度）

$$\alpha_i = \left[\frac{VA}{\omega_i \cdot (1+t_i) \cdot x_i}\right]^{1/\tau} \cdot (1+t_i)$$

4. 在柯布道格拉斯生产函数校准时，请说明我们可以根据下面的表达式得到参数 μ：

$$\mu = \frac{VA}{x^{\alpha_1} \cdot x^{\alpha_2}}$$

并证明利用这个表达式得到的数值结果和前面章节的结果是一致的。（简单）

5. 假设消费者首先根据 *CES* 效用函数，做出如何在当前消费和未来消费的复合商品之间分配他们收入的决定，然后消费者利用 *C-D* 效用函数，决定如何在不同的消费商品中分配他/她目前的收入。规划出消费者问题，并推导得到当前消费和未来消费的需求方案。（较难）

6. 利用表6-3所示的西班牙 *SAM* 数据和问题2中得到的表达式，校准 *CES* 阿明顿设定中的参数。（中等难度）

表6-3 一个数值社会核算矩阵

	1.农业	2.工业	3.服务业	4.非耐用品	5.耐用品	6.服务	7.劳动	8.资本	9.青年	10.成人	11.老人	12.资本账户	13.政府	14.消费税	15.增值税	16.其他税	17.欧洲	18.欧盟国家关税	19.其他国家	20.其他国家关税	总计
1.农业	568.63	2203.51	160.55	993.28	4.51	5.03	0.00	0.00	0.00	0.00	0.00	217.02	0.00	0.00	0.00	0.00	498.24	0.00	71.34	0.00	4722.11
2.工业	1233.60	14011.69	4918.11	3837.61	1316.15	3729.46	0.00	0.00	0.00	0.00	0.00	4631.41	0.00	0.00	0.00	0.00	2267.20	0.00	1465.73	0.00	37410.96
3.服务业	362.84	2928.96	5365.41	2585.42	4173.81	7454.28	0.00	0.00	0.00	0.00	0.00	963.26	5132.00	0.00	0.00	0.00	439.08	0.00	447.82	0.00	29852.88
4.非耐用品	0.00	0.00	0.00	0.00	0.00	0.00	0.00	0.00	169.21	6826.56	1068.09	0.00	0.00	0.00	0.00	0.00	0.00	0.00	0.00	0.00	8063.86
5.耐用品	0.00	0.00	0.00	0.00	0.00	0.00	0.00	0.00	134.88	4942.32	793.36	0.00	0.00	0.00	0.00	0.00	0.00	0.00	0.00	0.00	5870.55
6.服务	0.00	0.00	0.00	0.00	0.00	0.00	0.00	0.00	296.36	11026.49	971.45	0.00	0.00	0.00	0.00	0.00	0.00	0.00	0.00	0.00	12294.31
7.劳动	548.70	6051.82	9684.08	0.00	0.00	0.00	0.00	0.00	0.00	0.00	0.00	0.00	99.01	0.00	0.00	0.00	0.00	0.00	6.76	0.00	16284.60
8.资本	1727.25	5238.56	9093.90	0.00	0.00	0.00	0.00	0.00	0.00	0.00	0.00	0.00	0.00	0.00	0.00	0.00	1228.74	0.00	247.14	0.00	16059.70
9.青年	0.00	0.00	0.00	0.00	169.21	134.88	296.36	325.65	0.00	0.00	0.00	0.00	4146.13	0.00	0.00	0.00	61.00	0.00	12.27	0.00	844.89
10.成人	0.00	0.00	0.00	6826.56	4942.32	11026.49	11910.39	13953.23	0.00	0.00	0.00	0.00	3322.20	0.00	0.00	0.00	0.00	0.00	0.00	0.00	31485.63
11.老人	0.00	0.00	0.00	1068.09	793.36	971.45	3994.34	478.20	0.00	0.00	0.00	0.00	0.00	0.00	0.00	0.00	0.00	0.00	0.00	0.00	4698.08
12.资本账户	217.02	4631.41	963.26	0.00	0.00	0.00	0.00	1302.61	141.40	4288.62	525.04	0.00	27.30	0.00	0.00	0.00	61.00	0.00	878.20	0.00	6788.69
13.政府	0.00	3216.67	200.36	0.00	0.00	0.00	0.00	0.00	103.04	4401.64	1340.14	0.00	0.00	213.25	1915.90	834.85	0.00	251.50	0.00	121.90	12726.64
14.消费税	0.00	0.00	0.00	73.05	0.00	140.20	0.00	0.00	0.00	0.00	0.00	0.00	0.00	0.00	0.00	0.00	0.00	0.00	0.00	0.00	213.25
15.增值税	0.00	0.00	0.00	574.49	376.08	965.33	0.00	0.00	0.00	0.00	0.00	0.00	0.00	0.00	0.00	0.00	0.00	0.00	0.00	0.00	1915.90
16.其他税	-92.29	841.09	86.04	0.00	0.00	0.00	0.00	0.00	0.00	0.00	0.00	977.00	0.00	0.00	0.00	0.00	0.00	0.00	0.00	0.00	834.85
17.欧洲	133.82	249.20	0.53	0.00	0.00	0.00	33.60	0.00	0.00	0.00	0.00	0.00	0.00	0.00	0.00	0.00	0.00	0.00	0.00	0.00	4527.85
18.欧盟国家关税	1.77	0.00	0.00	0.00	0.00	0.00	0.00	0.00	0.00	0.00	0.00	0.00	0.00	0.00	0.00	0.00	0.00	0.00	0.00	0.00	251.50
19.其他国家	233.79	2552.62	342.84	0.00	0.00	0.00	0.00	0.00	0.00	0.00	0.00	0.00	0.00	0.00	0.00	0.00	0.00	0.00	0.00	0.00	3129.25
20.其他国家关税	4.00	116.84	1.06	0.00	0.00	0.00	0.00	0.00	0.00	0.00	0.00	0.00	0.00	0.00	0.00	0.00	0.00	0.00	0.00	0.00	121.90
总计	4722.11	37410.96	29852.88	8063.86	5870.55	12294.31	16284.60	16059.70	844.89	31485.63	4698.08	6788.69	12726.64	213.25	1915.90	834.85	4527.85	251.50	3129.25	121.90	

第 7 章

应用一般均衡分析实例

在前面的章节中，我们在实践意义下描述了应用一般均衡分析。本章中我们将会简单地介绍一般均衡的历史，以及一般均衡分析和模型的理论基础。然后，我们将会给出实际的经验应用，从而使得读者可以充分地体会应用一般均衡（AGE）建模的潜力。

AGE 模型是基于一般均衡理论，在一个世纪之前首先由瓦尔拉斯（1874a，b）提出，然后由许多其他的专家学者发展并推动而形成的，如 Edgeworth，Arrow，Debreu，McKenzie，Gale，Scarf 等。1954 年，Arrow 和 Debreu 给出了关于瓦尔拉斯均衡模型内部一致性的第一个完整且通用的数学证明。在过去的半个世纪内，AGE 模型方法逐步改善，并应用于许多经济问题中，包括不同的替代性可行政策的影响评估。

AGE 模型是一般均衡模型中的一种变形，AGE 包含了经济中的所有组成部分，因此能够评估外部冲击如何影响经济，并引起价格和产出的变化，直到经济"吸收"了这种冲击并达到新的均衡。因此一般情况下，生产部门、消费者和经济主体对冲击的反应会体现冲击的影响。通过把初始均衡值与新实现的冲击后均衡值进行比较，作为潜在实体经济简化代表的 AGE 模型，就可以用于回顾检验并量化其影响，同时利用情景分析 AGE 模型也可以用于预测。近100年来，一般均衡形成了一个概念体系，它不容置疑地影响了经济学的艺术性，为经济学提供了丰富的框架并推动其成为一门科学。但是，AGE 模型在现实中的实现需要利用一些直到最近才广泛推广的工具。例如，可以运行它们的第一台大型机，以及随后出现的个人计算机和专业软件。利用这些工具和经验性数据给模型赋值，使得经济学家可以通过类似实际操作的方式对复杂的经济进行建模。

|7.1| 理论起源

为了探寻一般均衡理论的历史起源，我们不得不返回到边际主义或新古典主义学说（20世纪50—70年代活跃的经济学家坚持的学说）。根据这个学说的理论分析，Gossen（1854）、Jevons（1871）、Walras（1874a，b）（首创了数学符号的使用）和Menger（1871）都对该理论的发展做出了积极贡献。其中最重要的学者并且被誉为"一般均衡理论之父"的人，无可替代地当属瓦尔拉斯（1874a，b）。

正如本书第2章中所述，一般均衡的最简单问题是交换经济。在这种经济中，需求者的预算约束是通过他的初始资源禀赋和一系列的价格确定的。个人需求函数表示消费者面对不同价格时的均衡。基于个人需求函数的加总我们可以得到市场需求函数，并且当我们找到一系列的价格使得超额需求（即：总需求减去每种商品的总禀赋）等于0时，就会出现市场均衡。供给应该和需求相匹配的思想也被古典经济学家表达出来。例如，Cournot（1838）在讨论国际货币流量时，以及Mill（1848）在讨论国际贸易时，也对其进行了完善，但是，通过一系列数学方程进行表示的人是瓦尔拉斯

（1874a，b）。

若干年后，Pareto（1909）定义了市场均衡的一个标准性质即效率，这是非常重要的，因为它把市场均衡的概念与市场均衡不能同时改善所有经济主体状况的性质联系起来。在市场均衡分配中，在不使其他经济主体状况变差时，没有人可以变得更好，这种竞争分配就实现了帕累托效率，也就是著名的福利经济学第一定理，在第2章我们详细地进行了讨论。同时，如果一些其他条件也满足的话，由竞争均衡可以得到帕累托效率分配，这就是福利经济学第二定律。竞争分配和帕累托效率之间关系的正规方法首先是由Arrow（1951）提出来的。

接下来，一般均衡理论将交换经济延伸到具有生产活动的经济。商品的供给包括非生产的禀赋和生产的商品。正如在前面的例子中所示的，对于一系列的价格，当生产者和消费者供给的商品分别对应消费者和生产者的商品需求时，市场均衡就可以实现。最初，瓦尔拉斯考虑进行简单生产的生产部门，即每个部门只生产一种商品。这种简单生产设定的自然推广是引入联合生产，这项工作由Hicks（1939）完成。在此之前，Cassel（1918）提出了具有生产部门的模型，并被理解为一系列潜在的线性生产活动。他应用了保留需求函数和生产系数的简单瓦尔拉斯模型，但是没有根据效用函数或偏好推导出需求函数。这个模型之后被Von Neumann（1937）推广，即在空间背景下允许生产结合，之后，Koopmans（1951）对一种引入中间品的模型做出了完整且细致的分析。

另一方面，生产部门的替代模型逐渐发展，它强调的是企业的生产组织而不是生产活动或技术。生产部门的均衡条件是：对于给定的投入和产出价格，每个企业将其利润最大化，并体现为一系列生产可能性的投入—产出组合值。这种生产情形由Cournot（1838）在局部均衡背景下做出解释，在

Marshall （1890）和 Pareto （1909）的工作中就已经隐含地体现出来，然后Hicks （1939）、阿罗—德布鲁 （1954）在一般均衡的背景下对这个问题进行了非常清楚的解释。虽然 Wald （1936b）指出了瓦尔拉斯定律的作用，并提供了均衡存在性的证明，阿罗—德布鲁版本被认为是第一个给出一般均衡模型均衡解存在性完整的、一般的并且逻辑上一致性的证明。利用高等数学技巧，尤其是在经济中引入并应用了不动点定理[①]之后，他们严格地证明了具有企业生产部门时均衡解的存在性。每个企业都面临着很多生产可能性，对于给定的市场价格，在可能的技术条件范围内选择使得企业利润最大化的投入—产出组合。另外，他们的一般均衡模型是第一个直接包含偏好关系并推导出企业需求的模型。这种一般均衡模型完善了瓦尔拉斯的最初想法，并为随后经济理论尤其是整个经济学的深远发展奠定了基础。

|7.2| 从理论到应用

在 1930 年—1940 年间，社会经济学家开始讨论由计划者实现帕累托效率分配计算的可行性问题 （Von Mises ，1920；Robbins，1934；Lange，1936；Hayek，1940），应用一般均衡发生了从理论分析到实际应用的巨大飞跃。Leontief （1941）和他的投入—产出分析促进了其随后的发展，或许最关键的一步是，尝试赋予瓦尔拉斯理论经验性方面和利用它分析经济政策影响的确定性能力。然后，基于 Kantorovitch （1939）、Koopmans （1947）和其他人的工作，在 1950s 和 1960s 出现的线性和非线性计划模型引入最优化，促进了投入—产出分析技术的提高，并被认为是发展实践或应用一般均衡的首次尝试。

Scarf （1973）提出了满足 Brouwer 不动点定理条件的实际确定不动点的

---

① 回忆在第 2 章中，我们利用 Brouwer 不动点定理对交换经济均衡的存在性进行了基础证明。

数值算法，这对于应用一般均衡模型的发展非常重要。存在性定理可以保证均衡点的存在性，但是却不能提供任何关于特定值的信息。Scarf算法优于存在性定理的是，可以在理想的误差范围内，确定或逼近经济模型均衡系统的解。

　　许多首先应用一般均衡模型的学者使用Scarf算法寻求模型的解。虽然Merril（1971）、Eaves（1974）、Kuhn and McKinnon（1975）、Van der Laan and Talman（1979）和Broadie（1983）发展了一些能够更快收敛的算法变形，但是这些方法仍然基于Scarf算法。此后，Merril的变体形式是最经常使用的，Newton类型的算法或局部线性优化方法也被应用。虽然不能保证收敛，这些最新的方法比Scarf算法具有更快或至少相同的收敛速度。

　　在Harberger（1962）的工作中隐含的另外一种方法，包括利用线性均衡系统来得到近似均衡，在某些特例中，通过多阶段程序改进初值估计方法，能够使得估计误差在一定的范围内。这种方法也被Johansen（1960）采用，并被应用一般均衡模型的最早研究者Dixon et al.（1982）、de Melo and Robinson（1980）不断发展。

|7.3| 计算问题

　　随着时间的推移，*AGE*建模者面对的主要问题发生了本质上的变化。正如Shoven and Whalley（1984）强调的，刚开始学者们存在的很多顾虑是关于能否找到大型非线性方程系统的解。现在，在效率算法的发展和有效软件的应用后，注意力开始转向获取可信数据进行校准的可行性，或者转向评估选择不同参数值影响的系统敏感性分析。另外，为了得到更符合现实的模型设定，学者们又做出新的假设：生产和要素市场的非完全竞争、关于企业和消费者跨期最优化的结构方程和不同的地理空间之间的要素流动。

因此，伴随着建模者洞察力的增强，现在有大量的专业软件可以完整地调整数据、把模型校准到数据集合和（或）外生给定的参数、计算均衡点、并向最终使用者提供信息。最常用的软件包括 GEMODEL、GEMPACK、GTAP 以及重要的 GAMS，它们具有不同的求解方法，以及适应不同模型需要（即数据库维数、多地起源、动态或静态模型）的求解算法。在各种计算方法优点的基础上，那么毫无疑问，目前的问题不是怎样求解并找到均衡解，而是如在经济学的其他领域一样，如何找到对于确定 AGE 模型参数所必需的、高质量的最新数据。

20 世纪 80 年代初，世界银行的研究者提出了 GAMS，即通用代数建模系统（General Algebraic Modeling System，GAMS）。GAMS 的设计是出于线性、非线性和混合整数优化问题的建模需要，对于大型的复杂问题，这个系统是尤其重要的。GAMS 可以在个人计算机、工作站、大型机和巨型计算机上实现。GAMS 可以通过把最优化问题的结构以自然且有逻辑的方式变的尽可能简单，从而使得使用者将注意力集中在建模上。GAMS 系统会注意优化计算机和系统软件运行的耗时细节，从而避免了最终使用者对这些细节的担心。读者可以迅速容易地改变模型的结构，并且基于问题的本质，使用者可以从一种求解方法转换到另一种求解方法，甚至略微复杂地把线性问题转化为非线性问题。因为 GAMS 是一个优化程序包，所以非线性系统方程的解，如 AGE 模型就需要一些调整。关于这个问题有几种可能性，一种是重新改写一般均衡系统方程为虚拟的非线性最优化问题，并使用 GAMS 中的"as are"任意非线性求解器求解，GAMS 可以解决非线性问题，同时可以得到系统的解；另一种是直接使用非线性求解软件包（Constrained Nonlinear System，CNS）。CNS 不要求问题是最优化的形式，但是需要仔细核算方程和未知量的个数是相等的。第一种选择通常是更灵活的，因为它可以使用推导出的变量和方程，而不影响独立变量和方程的内部一致性。最后，还有 *GAMS/MPSGE*，这是由 Rutherford（1998，1999）提出的专门一般均衡模型。对于上述选择中的任何一个都有赞成者和反对者，尽管代数 *GAMS* 学习曲线比 *GAMS/MPSGE* 更陡峭，一般 *GAMS* 的灵活性和有效性也值得我们投入更多的时间。例如，前面章节的例子就是利用标准 *GAMS* 进行编码的。

GAMS 具有另一个明显的优势就是令读者将注意力集中在建模上。通过避免考虑纯粹的技术专门化问题，如地址计算、存储指派、子程序链接、投入—产出和资金流动控制，*GAMS* 增加了定义和运行模型以及分析并记录结果的时间。作为一种程序语言，*GAMS* 是非常严格的，所有的错误（编辑或运行时有关的语法错误）都会反馈给读者。除非所有的错误被处理和修正，这时 *GAMS* 是不灵活的，使用者不能解决实际问题。所有模型组成部分简约和精确说明的需要，将会使读者逐渐养成良好的建模习惯。*GAMS* 语言非常类似于其他经常使用的编程语言。因此，具有一些编程经验的读者将会迅速地熟悉 *GAMS* 的复杂性和可行性。

|7.4| *AGE* 分析和建模的典型应用

一般均衡模型的最大优势之一，就是它能够作为整体来解释与经济有关的特定政策参数或部门特性发生变化时导致的结果。一般而言，在经济学中通常假设这些变化是较小的，并基于相关的弹性估计、利用线性化近似等方法来检验一些参数变化带来的整体经济影响。部门的数量可以是比较少的，正如国际贸易理论中的两部门模型也同样地被使用。但是，当考虑细分模型和多种变化的可能性，并且不是边际变化时，那么自然的选择就是仔细构造经济的应用一般均衡数值模型，并利用这些构造的模型进行比较静态分析。无论是小的或大的变化，只要 *AGE* 模型有唯一解，就可以进行反事实的分析。正如 Kehoe and Whalley（1985）指出的，这在实际分析中是常见的情况。

在回顾这类建模的一些主要应用时，对于应用一般均衡模型产生重大影响的领域，我们将会进行有效的分类。AGE 模型的实际应用在本节的各小节中将会进行简要地描述。就可得的信息而言，我们不能说这些例子完整地列出了所有的应用，但是我们希望读者可以充分地领略到什么是可能的、什么是在实际中已经被完成的应用，还有哪些其他应用的空间，如附录中的表 7-1 所示。

7.4.1 财政政策

在税收领域，根据 Harberger（1962）、Shoven and Whalley（1977）建立的第一个两部门的模型，研究者们逐渐将注意力转移到更大规模的建模，典型的例子如 Piggot and Whalley（1977）对英国的建模；Ballard et al.（1985）对美国的建模；Kehoe and Serra-Puche（1983）对墨西哥的建模；Keller（1980）对荷兰的建模；以及 Piggot（1980）对澳大利亚的建模。最近，Rutherford and Light（2002）评估了哥伦比亚地区从不同的税收来源中增加政府收入的成本，Cardenete and Sancho（2003）利用 AGE 模型分析了西班牙地区收入税改革的影响，Mabugu（2005）利用动态 AGE 模型对南非做了类似的分析，同时，Ferreira（2007）分析了税制改革之后的贫困和收入分配问题。

随后，Yusuf et al.（2008）分析了印度尼西亚财政政策的几个方面，Xiao and Wittwer（2009）构建了具有金融模块的中国动态 AGE 模型，检验了几种政策的实际和名义影响，包括名义汇率升值、单独使用财政政策或者将财政和货币政策相结合来缓解中国经济的外部不平衡。财税政策领域可能是这种类型经济建模方法应用和发展最为广泛的领域。

最近，André et al.（2010）研究了具有多条件决策（Multi-Criteria

Decision Making， *MCDM*）的 *AGE* 建模，并探究了其更好地评价财政政策设计和作用的潜力。他们说明了从 *AGE* 建模和 *MCDM* 结合的共同作用如何改进了财政政策分析。财政政策的这种新的结合方法，产生了新的建模挑战，但是也推动了公共政策设计更实际的模型建立和更实际的求解，尤其是从收入和（或）支出的角度同时考虑更复杂的不同财政政策时更是如此。

7.4.2 贸易政策

利用一般均衡研究贸易政策的核心是贸易保护主义问题以及它对经济效率和福利的影响。我们简单地把贸易模型分为主要的两类，一类是小型的经济模型，其主要特征是完全的价格内生性；另一类是大型的经济模型，其包含了贸易商品的价格外生性假设。

其中，我们需要提及 Deardorff and Stern （1986）的全球一般均衡模型，它被用于评估 *GATT* 会议谈判的政策选择。Dixon et al.（1982）对于澳大利亚经济建立了更大规模的模型，它被政府管理者广泛地应用于评估关于该国家不同的贸易政策。此外，还有世界银行对不同国家建立的模型（Dervis et al.，1982），这些模型为借款国家政府的可信性提供了关键的信息，并且对不同发展中国家进行不同的贸易自由化政策评估至关重要。De Melo（1978）展示了用于贸易政策分析仿真模型的核心结构。这些模型产生的整体经济仿真对于定量地测度政策损益是有帮助的，世界银行与有关组织也对这个问题进行了相关的讨论。

Piergiorgio（2000）研究了过去 10 年内欧盟（ *EU* ）实施贸易政策的长期影响，如欧洲协议、地中海协议和土耳其的关税联盟等。Vaittinen（2004）在地区、国家和全球 3 个层面上研究了贸易一体化问题，并对贸易一体化的影响在 3 种情况下进行了评价：芬兰加入欧盟、世贸组织谈判而引发的全球贸易自由化、来自前社会主义中心欧洲国家新成员对欧盟的壮大。

在所有的这些情况下，AGE 模型是进行分析的优选工具。

Narayanan et al.（2009）建立了一个模型，在市场出清约束和价格联系下，采用常转换弹性（CET）和常替代弹性（CET）结构，它考虑了国际贸易、国内消费和产出问题，并将上述问题纳入到标准的全球贸易分析项目（$GTAP$）模型中。Standardi（2010）对欧盟的 15 个地区在 $NUTS1$[①] 层次上建立了全球 AGE 贸易模型，并重点关注生产方面。该模型用于在采取了农业关税自由政策之后，评估每一个 $NUTS1$ 地区部门之间的生产再分配问题。同样地，根据研究者们不同的特定目标，它也可以用于评估其他的贸易改革政策效应。非技术和技术劳动力投入是不同 $NUTS1$ 地区之间差异化的来源，城市化模型的建立是为了进一步解释结果。根据技术、非技术两种劳动力流动的不同程度，还可以对贸易政策结果进行敏感性分析。

7.4.3　稳定政策

20 世纪 80 年代初期，大部分的发达国家遭受了不利的外部冲击，如出口降低、国外贸易损失、高利率和债务增加，并且由于美元升值和贸易收益的下降，因此导致了巨大的变动。随后，IMF 和世界银行分别设计了一些调整项目。这些项目的特征是：当应对短期不景气时，强调需求方的措施，并且也强调供给方的政策，以通过结构的调整追求更高的效率。政策的两个组成部分（稳定性和结构调整）不能被随意分离，但可根据需要调整比重。

经过证明，宏观经济模型和标准的一般均衡模型对于分析这些问题是不适当的。宏观模型具有较高的加总性，即部门不够细化，使得利用它们检验不同部门和经济主体之间资源分配转换是很困难的。此外，在标准的一般均衡模型中，货币是中立的，并且它只通过价格基准影响相对价格。利用传统

---

① 领土统计单位($NUTS$)在欧盟的结构基金传递机制中是有效的，目前从 2008 年 1 月 1 日至 2011 年 12 月 31 日在 $NUTS1$ 中列举了 97 个地区。

的一般均衡工具，不存在研究通货膨胀、名义工资刚性或名义汇率政策上令人满意的方式。因此，一些经济学家建立了所谓的"一般均衡金融模型"，这些模型试图把货币和金融资产归结到一般均衡模型中的多部门和多账户结构中。虽然做出了很多努力，但是关于如何把货币和金融资产引入一般均衡模型中仍然没有得出一致结论。Lewis（1994）研究了土耳其的情况，Fargeix and Sadoulet（1994）研究了厄瓜多尔的情况，上述研究对于这个领域的进展都做出了重大贡献。另外，Seung-Rae（2004）将最优控制模型和动态一般均衡模型合并，从而将该方面的研究成果向前推进了一大步。这篇文章说明了控制理论应用中 AGE 方法的重要作用，并为这个相对全新领域的决策者提供了实际的指导方针。在政府坚持实现这些明确政策目标的经济中，一些问题如不确定性、短期数量调整过程、特定部门的政策偏好等，在探究经济调整的最优策略时都需要被考虑。在最优稳定性政策实现时，这些都强调了政策偏好和不确定性结构的重要性。最近，基于对西班牙经济的经验性洞察力，Alvarez（2010）以稳定性为目标，提出了一系列不同政府政策的 AGE 评估。

7.4.4　环境分析

面对严峻的环境恶化现状，随着能源商品和能源相关商品需求在全世界范围内的快速增长，环境问题已经成为社会关注和担心的前沿问题。在过去的 20 年中，AGE 分析被广泛地用于研究与环境有关的不同财政政策的影响问题。本书区分出水资源政策、CO_2 排放控制政策和气候改变政策 3 种类型的环境政策，并进行分类讨论。

关于水资源政策方面，Decaluwe et al.（1999）和 Thabet et al.（1999）分析了水资源价格设定的影响和效率。Seung et al.（1998）研究了将农业中的水资源转化为沃克河流域的娱乐性使用带来的福利。Seung et al.（2000）

结合动态 *AGE* 模型和娱乐需求模型，分析了丘吉尔县（内华达）水资源分配的短期影响。Diao and Reo（2000）分析了摩洛哥贸易保护主义政策的影响，并说明了农业市场自由化如何为水资源价格的有效制定提供了必要条件，尤其是通过农业部门水资源市场实施定价的可能性。Goodman（2000）说明了与建设新的大坝或扩大现有的蓄水设施相比，临时的水资源交换成本更低。在 Gómez et al.（2004）中给出了利用多个 *AGE* 模型来研究水资源问题的完整总结。对于给定的重要经济函数，并将水资源作为投入，环境工程师在致力于将传统的环境建模方法和 *AGE* 方法相结合。近年来，生态经济学家专注于研究一体化的水利经济学建模问题，并且强调了 *AGE* 模型的作用（比较典型的研究如 van Heerden et al.,（2008）；Strzepek et al.,（2008）；Brouwer et al.,（2008））。

AGE 模型应用的第二部分主要是CO_2的排放问题，在过去的几十年中，许多应用一般均衡模型被成功地应用在该方面。这类分析的一些应用可以在 André et al.（2005）中找到，这本书中利用地区数据对环境税改革进行了检验。在 Sancho（2010）中，利用具有价格敏感能源系数的 *AGE* 模型，对 CO_2排放替代弹性的作用进行了扩展的敏感性分析。同时，O'Ryan et al.（2005）分析了智利的一系列环境税收问题，Schafer and Jacoby（2005）根据一系列详细设定的不同可得技术，将这种分析延伸到交通运输方面。Böhringer et al.（2001）主要研究了为减少多种温室气体排放而设计的气候政策的效率增进作用。最后，Bergman（2005）和 Turner et al.（2009）采用 AGE建模方法检验了环境贸易平衡的变化。

近期，*AGE* 模型也被用于环境变化相关问题的分析。Kremers et al.（2002）检查并比较了用于评估环境政策设计对减轻气候变化情况的不同 *AGE* 模型。Springer（2003）探究了具有贸易模块的世界模型中资金流动的影响。Nijkamp et al.（2005）利用环境版的 *GTAP* 模型研究气候变化方面的一些国际救济政策的影响。Böhringer et al.（2001）则对环境税的作用、关于气候变化的结构变动和市场不完善等问题进行了研究。Roson et al.（2007）利用世界 *AGE* 模型，并在不同的市场能力情况下，得到了世界范围内能源需求对气候变化的影响。最后并且也是最近，Eboli（2009）在 *AGE* 方法中加入动态特征来检验气候变化政策效应。利用普通的 *AGE* 模型对多个国家的研究、关于自由贸易的增长提高和环境之间交易的模型可以在 Beghin et al.（2002）中找到。

|7.5| 本章小结

虽然论述很简洁并且不可避免地省略了一些参考文献，我们希望到目前为止读者可以充分地熟悉 *AGE* 模型能够处理的一系列问题。*AGE* 成功的证明就是有关新模型、新应用和相关技术报告在学术杂志上的不断涌现。政府管理者对这些模型的采纳，也间接地证明了它们的重要性。

但是，建立这些应用模型并不总是非常容易的。我们必须清晰地定义研究的问题，必须理解分析的背景和潜在经济的合适特征，必须能够得到充分的并且最新的数据，必须要掌握充分灵活的计算机软件，为了保证整体一致性，我们必须要把经济模型转化为合适的计算机代码并进行重复检查。最后最重要的是，在特殊经济模型和一般经济理论的逻辑下，必须能够正确地解释计算机结果，这个任务当然不易，但是对这些经济模型的可靠性非常重要。一位杰出的研究者 Whalley（1985）曾经指出，这个领域的专家必须具备不同的能力：经济学知识方面、数据的获取和处理方面、计算机编程方面，当然，他们最好掌握一些好的交流技巧。正如我们在引言中所提示的，如果读者具有充分的兴趣和动力在有趣的 *AGE* 道路上继续追求和探索，那么我们写这本书的目标是，为读者提供一个关于如何操作的指导路线图和一些基础的专业知识。

|附录|

表 7-1   **具有特殊贡献的 _AGE_ 应用总结**

分析类型	作者	应用领域
财政政策分析	Harberger (1962)	$2 \times 2 \times 2$ 模型
	Shoven and Whalley (1977)	$2 \times 2 \times 2$ 模型
	Piggott and Whalley (1977)	英国
	Keller (1980)	荷兰
	Piggott (1980)	澳大利亚
	Kehoe and Serra-Puche (1983)	墨西哥
	Ballard et al. (1985)	美国
	Rutherford and Light (2002)	哥伦比亚
	Cardenete and Sancho (2003)	西班牙
	Mabugu (2005)	南非
	Ferreira (2007)	巴西
	Yusuf et al. (2008)	印度尼西亚
	Xiao and Wittwer (2009)	中国
	André et al. (2010)	西班牙
贸易政策分析	De Melo (1978)	发展中国家
	De Melo and Robinson (1980)	发展中国家
	Dixon et al. (1982)	GATT
	Dervis et al. (1982)	发展中国家
	Deardorff and Stern (1986)	GATT
	Piergiorgio (2000)	地中海国家
	Vaittinen (2004)	芬兰
	Narayanan et al. (2009)	世界银行
	Standardi (2010)	欧盟 15 个国家

分析类型	作者	应用领域
稳定性政策分析	Lewis (1994)	土耳其
	Fargeix and Sadoulet (1994)	厄瓜多尔
	Seung-Rae (2004)	动态 AGE
	Alvarez (2010)	西班牙
环境分析	Seung et al. (1998)	水资源
	Decaluwe et al. (1999)	
	Thabet et al. (1999)	
	Seung et al. (2000)	
	Diao and Roe (2000)	
	Goodman (2000)	
	Gómez et al. (2004)	
	Van Heerden et al. (2008)	
	Strzepek et al. (2008)	
	Brouwer et al. (2008)	
	Böhringer et al. (2001)	CO_2排放
	O'Ryan et al. (2005)	
	Schafer and Jacoby (2005)	
	Bergman (2005)	
	André et al. (2005)	
	Turner et al. (2009)	
	Sancho (2010)	
	Beghin et al. (2002)	气候变化
	Kremers et al. (2002)	
	Springer (2003)	
	Nijkamp et al. (2005)	
	B€ohringer et al. (2006)	
	Roson et al. (2007)	
	Eboli et al. (2009)	

（Index）

Closure rule	闭合条件
Cobb-Douglas utility	柯布道格拉斯效用
Comparative statics	比较静态
Competitive markets	竞争性市场
Conditional factors demand	条件要素需求
Constant elasticity of substitution (CES)	常替代弹性
Consumption technology	消费技术
Cost function	成本函数
Cost minimization	成本最小化
Counterfactual	反事实

D

Demand function	需求函数
Demand side	需求方；需求面

E

Edgeworth box economy	埃奇沃思盒经济
Endowment, initial	初始禀赋
Equilibrium equations	均衡方程
Equilibrium prices	均衡价格
Excess demand	超额需求
Exchange economy	交换经济
Existence	存在性
Exports	出口

External sector	对外经济部门

F

First theorem of welfare economics	福利经济学第一定理
Fixed point	不动点
Fixed point theorem	不动点理论

G

GAMS*See* General algebraic modeling system (GAMS)	通用代数建模系统（GAMS）
GDP*See* Gross domestic product (GDP)	国内生产总值（GDP）
General algebraic modeling system (GAMS)	通用代数建模系统（GAMS）
Government revenue	政府收入
Gross domestic product (GDP)	国内生产总值（GDP）
Gross substitutability	总替代性
GTAP	全球贸易分析项目

I

Imports	进口
Income tax	收入税
Input	投入
Input–output	投入—产出
Investment	投资

K

Kakutani   角谷静夫

L

Labor demand   劳动力需求

Labor supply   劳动力供给

Laspeyres index   拉氏指数

Leisure   闲暇

Leontief production function   里昂惕夫生产函数

M

Marginal cost   边际成本

Market equilibrium   市场均衡

N

Normalization of prices   价格标准化

Numéraire   价格基准

O

Output   产出

P

Pareto efficiency   帕累托效率

Partial equilibrium   局部均衡

Payroll tax   工资税

Preference*See* Utility   偏好,效用

Price taking	价格接受（者）
Production function	生产函数
Profit maximization	利润最大化
Public deficit	公共赤字

R

RAS method	RAS方法
Real wage	真实工资
Regular economy	正规经济体
Return to scale	规模报酬

S

Saving	储蓄
Scarf's algorithm Scarf	算法
Second theorem of welfare economics	福利经济学第二定理
Shepherd's lemma	谢泼德引理
Social accounting matrix	社会核算矩阵
Subsidies	补贴
Supply side	供给方;供给面

T

Tariffs	关税
Taxation	税收,征税
Tax on output	销项税
Technology	技术

U

Unemployment	失业

Uniqueness	唯一性
Unit cost	单位成本
Unit simplex	单纯形
Utility	效用
Utility maximization	效用最大化

W

Wage curve	工资曲线
Walras	瓦尔拉斯
Walrasian equilibrium	瓦尔拉斯均衡
Walras's law	瓦尔拉斯定律